RICHARD WAGNER

ET SON

ŒUVRE POÉTIQUE

DU MÊME AUTEUR

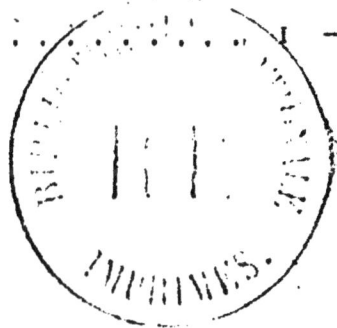

RICHARD WAGNER

CHARAVAY FRÈRES EDITEURS

PHOTOG. & IMP. LENERCIER & CIE

RICHARD
WAGNER

ET SON ŒUVRE POÉTIQUE

DEPUIS RIENZI JUSQU'A

PARSIFAL

PAR

JUDITH GAUTIER

PARIS, CHARAVAY FRÈRES, ÉDITEURS

4, Rue de Furstenberg

1882

AVANT-PROPOS

AVANT-PROPOS

Que le lecteur veuille bien ne considére[r]
les premières pages de ce livre que comme u[n]
fragment des mémoires que je publierai peut[-]
être un jour, non que ma vie vaille la pein[e]
d'être racontée, mais parce qu'elle a cotoy[é]
souvent celle d'artistes très illustres. — Car i[l]
ne s'agit ici que de quelques souvenirs, écrit[s]
comme pour moi-même, souvenirs recueilli[s]
en plusieurs années de relations suivies ave[c]
Richard Wagner.

Les livres publiés sur le Maître, dans toute[s]
les langues, dans tous les styles, pour le combattre ou le glorifier, empliraient une biblio[-]
thèque ; le catalogue seul de ces critiques[,]
études, biographies, formerait un volume[.]
tout a donc été dit sur ses défaites et ses vi[c]

toires, et sur ce que l'on veut appeler son système musical; il est donc inutile de le redire une fois de plus. J'ai renoncé d'ailleurs, depuis peu, à toute idée de prosélytisme; après avoir longtemps combattu, j'abandonne la lutte, au moment où pour beaucoup la victoire semble probable. J'ai pour cela des raisons que je ne veux qu'indiquer et qui me semblent décisives.

Ce que j'ai pris si longtemps pour la résistance ordinaire et fatale, pour la haine instinctive que tout public en tout pays éprouve d'abord pour les novateurs de génie, est en France, je le crains bien, plus que cela. Notre esprit si vif, si léger, si mobile, si porté à la moquerie, nous prive de cette qualité indispensable à la compréhension des chefs-d'œuvre: la naïveté. Nous ne pouvons nous empêcher de trouver un peu ridicule la grandeur des sentiments, la sublimité, les passions nobles ou terribles; ce qui nous plait par dessus tout c'est l'art gracieux, spirituel, légèrement sentimental, l'observation fine et les flèches de la satire. Aussi nul peuple ne peut-il nous égaler lorsqu'il s'agit d'opéras comiques, de vaudevilles ou de comédies de mœurs. L'art est surtout pour nous un amusement, le sérieux nous ennuie franchement, et, s'il nous arrive, par hasard, d'admettre un chef-d'œuvre sur une de nos scènes, c'est seulement à titre de curiosité.

Existe-t-il un théâtre à Paris — capitale du monde — où les chefs-d'œuvre du monde entier soient représentés ? Calderon, Gœthe, Schiller, Shakespeare, qui donc se soucie d'eux ? Tandis que d'ineptes féeries, de misérables comédies, dont le jeu des acteurs et les personnalités que l'on croit y découvrir font le seul mérite, quand des scènes d'un naturalisme honteux tiennent l'affiche tout le long de l'année, Othello se traîne péniblement jusqu'à vingt représentations. On dira peut-être que le Français n'est pas voyageur et que les œuvres nées hors de chez lui ne l'intéressent pas. Et Victor Hugo ? Est-il une sorte d'injure et d'outrage qui lui ait été épargnée dans son pays ? Il est vrai qu'après soixante ans de luttes sa gloire rayonne enfin, splendide et éblouissante. Eh bien ! où est le théâtre de Victor Hugo ? la nouvelle génération a-t-elle jamais vu représenter les plus grandes œuvres du maître ? les *Burgraves, Cromwell, le Roi s'amuse* ? Ce dernier drame, il est vrai, doit être enfin joué. Il aura vu cinquante ans s'écouler entre la première et la seconde représentation !

Pourquoi donc espérer que Richard Wagner aurait plus de chance que Shakespeare qui, après trois cents ans, n'a pas encore triomphé chez nous, que Victor Hugo, la plus grande gloire de la France, de vaincre cette antipathie native du public français pour les œuvres sérieuses ? les séductions de la musique sont-elles capables d'accomplir ce miracle ? c'est possible, mais je ne l'espère plus.

Un succès de *Lohengrin* à Paris est probable, mais nous n'irons pas plus loin. Ni la grande épopée scandinave, ni les amours métaphysiques de Tristan et Iseult, ni le

mysticisme de Parsifal, n'arriveront jusqu'à
nous. C'est pourquoi, reconnaissant l'erreur
généreuse dans laquelle je me suis obstinée si
longtemps, je renonce aux luttes stériles et,
bénissant l'invention des chemins de fer, je
vais bravement à la montagne qui ne doit pas
venir à moi.

Ce livre ne s'adresse donc bien qu'au petit
groupe des initiés qui ont franchi le parvis
occulte de l'art nouveau et ont cette joie incomparable d'admirer sans réserve ce qui est
digne d'admiration ; ils trouveront dans ces
pages, — à côté des quelques traits du caractère
du maître tracés absolument d'après nature,
et qui pourront réformer les idées que des
portraits de fantaisie ont pu en donner, — les
analyses détaillées des poèmes qui n'ont pas
été traduits en français et tout particulière-
ment de Parsifal. Ces analyses pourront per-
mettre à ceux qui ne savent pas l'allemand et
entreprennent le pèlerinage de Bayreuth de
suivre les représentations.

Ma seule ambition est d'être utile autant

qu'il est en mon pouvoir à cette minorité intelligente qui, pour moi, emplit seule ce monde et, je l'espère bien, sera seule à emplir l'autre, s'il existe; car je suis maintenant tout à fait convaincue, comme l'affirme Charles Baudelaire : « que c'est le petit nombre des élus qui fait le paradis. »

PREMIÈRE PARTIE

RICHARD WAGNER

RICHARD WAGNER

La première fois qu'il fut question devant moi de Richard Wagner, ce fut dans une circonstance assez singulière, le soir même de la première représentation du *Tannhauser* à Paris. J'étais sortie la veille de pension à propos de je ne sais quelle vacance et si l'on avait parlé chez moi de ce grand combat engagé autour du *Tannhauser*, je n'en avais rien entendu.

Je traversais par hasard, avec mon père, le

passage de l'Opéra le soir de cette représentation, pendant un entr'acte; le passage était
plein de monde. Un monsieur qui vint saluer
mon père nous arrêta. C'était un personnage
assez petit, maigre, avec des joues creuses, un
nez d'aigle, un grand front et des yeux très
vifs.

Il se mit à parler de la représentation à laquelle il assistait avec une violence haineuse,
une joie si féroce de voir l'insuccès s'affirmer,
que, poussée par un sentiment involontaire,
je sortis tout à coup du mutisme et de la réserve que mon âge m'imposait, pour m'écrier
avec une impertinence incroyable :

— A vous entendre, monsieur, on devine
tout de suite qu'il s'agit d'un chef-d'œuvre et
que vous parlez d'un confrère !

— Eh bien, qu'est-ce qui te prend, méchante
gamine ? dit mon père, qui voulait gronder,
mais qui, en dessous, riait.

— Qui-est-ce ? demandai-je quand le monsieur fut parti.

— Hector Berlioz.

Je n'ai jamais oublié cet incident et j'ai voulu voir plus tard, dans ce mouvement de colère qui souleva d'une façon si singulière ma jeune conscience, une sorte de pressentiment, quelque chose qui m'avertissait que je devais un jour admirer passionnément cet artiste dont j'entendais le nom pour la première fois.

Il naît évidemment, au moment où se révèle un génie nouveau, un petit groupe d'élus appelés à le comprendre, à former autour de lui ce bataillon dévoué qui doit le défendre, le consoler de la haine universelle, le soutenir dans son Golgotha en lui affirmant sa divinité. Ma vocation était sans nul doute d'être un disciple de ce dieu nouveau, de le comprendre et de croire en lui, car rien ni personne ne m'influença. Ma foi n'eut pas besoin de chemin de Damas.

Ce fut le hasard qui mit un jour entre mes mains la partition du *Vaisseau-Fantôme*. Ma maîtresse de piano, qui louait de la musique chez Flaxland, avait pris ce volume sans savoir

ce que c'était, avec d'autres morceaux; elle me
le laissa jusqu'à la prochaine leçon, parce qu'il
l'embarrassait.

J'avais assez mal profité des leçons, et j'étais
une pianiste des plus médiocres; cela n'empêcha pas qu'en déchiffrant de la façon la plus
incomplète, la plus informe, cette partition
inconnue, je fus toute bouleversée : une sorte
d'intuition me révéla, à travers les erreurs
sans nombre, le sens et la grandeur de ce
poème et de cette musique. Je ne pouvais m'arracher du piano ; j'en devins insup-
portable et mes proches impatientés s'efforcè-
rent en vain de me soustraire la partition.

A partir de ce moment, Richard Wagner
eut un fidèle de plus.

Lorsque dans les derniers mois de 1868 j'é-
crivis quelques articles sur ses œuvres, je ne
les connaissais encore que très imparfaitement,
par des exécutions, plus ou moins bonnes, au
piano et quelques fragments entendus aux
concerts populaires. Aussi fus-je très effrayée
de mon audace, après avoir adressé à Wagner,

AUTOGRAPHE DE RICHARD WAGNER

alors à Lucerne, ces articles accompagnés d'une lettre dans laquelle je le priais de vouloir bien m'aider de quelques conseils pour les compléter et les corriger. Je voulais, je crois, les réunir en volume.

J'espérais et j'attendais une réponse avec une angoisse extrême. Viendrait-elle ? je ne pouvais pas le croire, et pourtant je ne pensais qu'à cela; je n'en dormais plus, et le matin j'avais un serrement de cœur de ce que le courrier n'apportait rien. Un jour, cependant, je vis le timbre de Lucerne sur une enveloppe et une écriture inconnue que je reconnus immédiatement.

Je tins longtemps cette lettre entre mes doigts avant de l'ouvrir; j'éprouvais une émotion bizarre, une sorte de peur. Comment avais-je osé écrire, avec une étourderie bien française, me fiant à mon seul instinct, sur les œuvres de cet artiste pour lequel j'éprouvais déjà un tel enthousiasme que je me l'imaginais existant seulement à la manière des dieux dans un Olympe inaccessible ?

Cette lettre était-elle bien de lui ?

Je l'ouvris enfin : quatre pages d'une écriture élégante, très lisible et, à la dernière ligne, la signature magique ! Cette lettre commençait ainsi :

> « Madame,

> « Il est impossible que vous ayez le moin-
> « dre doute de l'impression touchante et bien-
> « faisante que votre lettre et vos beaux articles
> « ont dû produire sur moi : soyez-en remer-
> « ciée, et permettez-moi de vous compter
> « parmi ce mince nombre de vrais amis dont
> « la sympathie clairvoyante fait ma seule
> « gloire.

> « Je n'ai rien à corriger dans vos articles,
> « rien à vous recommander. Seulement je me
> « suis aperçu que vous ne connaissez pas
> « encore de près les *Maîtres-Chanteurs*... »

Il me donnait alors une explication très intéressante de l'introduction du troisième acte des *Maîtres-Chanteurs*, que Pasdeloup avait fait exécuter, peu de temps avant, aux concerts populaires. La lettre se terminait ainsi :

« Pardonnez-moi, Madame, si j'ai osé com-
« pléter, — surtout à l'aide de mon mauvais
« français ! — votre connaissance d'ailleurs
« si profonde et si intime de ma musique, par
« laquelle vous m'avez vraiment étonné et
« touché.

« J'irai probablement à Paris dans peu de
« temps, peut-être encore cet hiver, et je me
« réjouis d'avance du vrai plaisir de vous ser-
« rer la main et de vous dire de vive voix quel
« bien vous avez fait à votre très obligé et
« dévoué

« Richard WAGNER. »

J'attendis en vain ce voyage annoncé. Wagner ne vint pas en France cet hiver-là ; il n'y
est pas venu depuis.

Il n'y avait qu'une chose à faire, aller à Lucerne ; mais comment serait-on reçu ? de fan-
tastiques légendes couraient sur Wagner. On
racontait, entre autres choses, qu'il avait chez

lui un sérail composé de femmes de tous pays
et de toutes couleurs dans des costumes ma-
gnifiques; mais que nul visiteur ne franchissait
le seuil de sa demeure.

D'autre part, des personnes qui prétendaient
le connaître très bien me le dépeignaient
comme un homme peu sociable, sombre,
maussade, vivant seul dans une retraite jalouse, n'ayant auprès de lui que deux grands
chiens noirs.

Cette farouche solitude était admissible et
me plaisait assez; mais l'idée qu'un sentiment
de gratitude polie pourrait le forcer de la rom-
pre, en ma faveur, m'inquiétait infiniment;
c'est pourquoi j'écrivis au maître une lettre
très compliquée où il était dit que, passant par
hasard à Lucerne, — ne faisant qu'y passer, —
je le priais de me dire s'il s'y trouvait en ce
moment et s'il me permettait de venir le saluer.

De cette façon il n'aurait pas la crainte
de voir le dérangement se prolonger au delà
d'une courte entrevue. La vérité est que le

hasard n'était pour rien dans ce voyage et
que rien ne me pressait.

La lettre suivante me rassura tout à fait :

« Madame,

« Je suis à Lucerne et je n'ai pas besoin de
« vous dire combien je serai heureux de vous
« voir. Je voudrais seulement vous prier de
« prolonger un peu votre séjour à Lucerne,
« pour que la joie que vous m'accordez ne
« soit pas trop vite évanouie.

« Je suppose que vous allez à Munich pour
« l'Exposition de peinture ; cependant, comme
« j'ai la présomption de croire qu'il vous se-
« rait agréable d'entendre quelques-unes de
« mes œuvres, je dois vous dire que les re-
« présentations de *Tannhauser*, *Lohengrin*,
« *Tristan* et *les Maîtres-Chanteurs* ont eu lieu
« au mois de juin, que le théâtre est fermé
« actuellement, et que l'*Or du Rhin* sera donné
« au plus tôt, le 25 août, si tant est qu'on le
« donne. Mais j'espère que ni la remise de
« l'Exposition (1er août), ni la fermeture du

« théâtre ne retarderont votre visite à Lu-
« cerne. Bien au contraire, j'en attends la
« prolongation de votre séjour ici, et c'est en
« vous priant, Madame, de vouloir bien me
« faire savoir, par un petit mot, le jour de
« votre arrivée que je vous demande d'agréer
« l'expression de ma respectueuse reconnais-
« sance.

« Richard WAGNER. »

Ce fut par une superbe après-midi du mois
de juillet 1869 que j'arrivai à Lucerne. Je re-
gardais par la portière du wagon, en entrant en
gare, lorsque tout à coup sur le quai j'aperçus
Wagner. Il ne ressemblait nullement aux dé-
testables photographies que j'avais vues. Je
n'hésitai pas cependant à le reconnaître et je
courus à lui.

Nous nous serrâmes les mains silencieu-
sement et il m'enveloppa de ce regard intense,
qui lui est particulier, et qui semble voir
jusqu'à l'âme. Je n'éprouvai aucune gêne durant cette minute de silence étrange pendant
laquelle mon cœur était pour ainsi dire à nu

sous ce regard, mais une émotion profonde, une joie folle.

— Venez, me dit-il en m'offrant son bras; si vous ne tenez pas à des splendeurs, l'hôtel du lac vous plaira; j'y ai retenu des chambres.

L'hôtel était tout proche, nous allâmes à pied. En route il s'arrêta un moment et, avec une expression très grave, presque solennelle, il me dit :

— C'est un bien noble sentiment qui nous lie, madame !

Mais, un instant plus tard, après m'avoir recommandée à l'hôtelier, ce fut avec enjouement qu'il prit congé.

\ — Je vais me préparer à vous recevoir, dit-il, sinon je serai stupide. Venez tout à l'heure, dès que vous serez un peu reposée.

De ma fenêtre je le vis s'éloigner d'un pas rapide, traverser le vieux pont de Lucerne et monter dans une barque. Il me dit plus tard qu'il avait hâte d'aller faire part à sa femme de ses impressions sur moi, qui n'étaient pas du tout ce qu'ils avaient prévu.

Au coucher du soleil, j'abordai à *Tribschen*, à ce coin de terre béni, où j'ai passé depuis de si charmantes heures.

C'était une sorte de promontoire, très pittoresque, qui s'avançait dans le lac ; il n'y avait ni grille, ni porte ; le jardin n'avait pas de limites marquées et se prolongeait, à l'infini, sur les montagnes voisines. La maison était très simple extérieurement, grise avec un toit de tuiles sombres ; mais, dans l'intérieur d'un arrangement plein de goût et d'élégance, on sentait la main d'une femme.

Madame Wagner m'apparut au milieu de ses enfants, blonde, grande, gracieuse avec un beau sourire et les yeux bleus, doux et rêveurs. La sympathie qu'elle m'inspira dès le premier moment ne s'est jamais démentie ; notre amitié, déjà ancienne, n'a pas eu de nuage.

Cette soirée fut délicieuse : le maître montra un entrain, une gaîté, une verve incomparables. Je ne m'attendais pas à cette vivacité d'esprit, à ces saillies, à ces finesses de langage que nous sommes habitués à considérer comme le monopole du Parisien, et qui, chez lui, acquéraient encore un charme particulier de l'accent étranger et, — malgré la grande facilité avec laquelle il parlait le français, — de ses tournures de phrases originales et imprévues. Il parla de Paris où il avait beaucoup souffert, mais qu'il aimait encore, et, sans aucune amertume, de la grande bataille du Tannhauser. Je me souviens, entre autres, de cette phrase :

— Puisque le public de l'Opéra n'aimait pas ma musique, pourquoi vouloir la lui imposer ?

Ce groupe de chauds partisans qui s'était formé en France paraissait le toucher vivement; il fondait peut-être même une espérance secrète sur l'esprit d'initiative des Français.

En dépit de ses succès toujours grandissants en Allemagne, il avait là encore des adversaires acharnés et était en butte aux persécutions les plus basses. La presse l'injuriait

sans cesse avec une grossièreté, une violence,
dont nos journaux les plus avides de scandales
ne peuvent avoir une idée. Les calomnies
étaient même allées si loin que Wagner, pour
la première et la dernière fois de sa vie, s'était
décidé à répondre.

« J'ai vu, disait-il entre autres choses, les
« feuilles de Londres et de Paris se moquer
« sans pitié de mes œuvres et de mes ten-
« dances; ces œuvres ont été traînées dans la
« boue, on les a sifflées dans les théâtres;
« mais il me restait à voir ma personne, mon
« caractère privé, ma vie intime, livrés aux
« offenses publiques, dans le pays où mes
« œuvres étaient admirées et où l'on recon-
« naissait à mes efforts une mâle énergie et
« une haute signification. »

La noblesse et le clergé s'étaient ligués contre lui : ce qu'ils poursuivaient certainement
en lui, c'était le révolutionnaire des journées de
mai 1849, le grand penseur, l'homme d'action
puissant et énergique en marche vers le pro-
grès et la libération des esprits. Aussi quelle

haine! banni, pourchassé, ne sachant où se
réfugier, cette chose incroyable s'était pro-
duite, à un moment donné, qu'il était peut-
être le seul Allemand qui n'eût pas vu représenter *Lohengrin !*

Malgré l'affection inébranlable du roi
Louis II, il était, quand je le vis, moralement
exilé de Bavière. Le projet de théâtre, qu'il
rêvait depuis longtemps, dont le grand archi-
tecte Semper avait tracé le plan et que le roi
voulait faire édifier à Munich, avait failli ré-
volutionner la ville. On y avait renoncé et
le modèle en plâtre de la construction était
relégué tristement dans un grenier du palais ;
mais Wagner n'avait pas cessé d'y songer et
qui sait si, à ce moment-là, Paris n'était pas
au bout de ses rêves ?

Il travaillait alors à la troisième partie des
Nibelungen, Siegfried. Je vis le manuscrit sur
son piano de travail, dans une toute petite
pièce attenant au salon.

Il y avait là un portrait du royal ami, beau
comme un héros de l'Edda. On me dit qu'il

s'échappait quelquefois de Munich pour venir passer quelques jours à Tribscher, et que c'était dans cette pièce même qu'on lui dressait un lit.

Rien de plus touchant que cette enthousiaste affection inspirée à ce jeune roi par le génie. Il vint à lui comme un archange sauveur, au moment ou tout l'abandonnait.

« Que vous dirai-je ? écrivait Wagner à un « ami, quelque temps après sa première entre- « vue avec le roi. La chose la plus inimagi- « nable et la seule pourtant qui pût me « sauver s'est complètement réalisée ! une « reine a mis au monde, dans l'année même « de la première représentation de mon Tann- « hauser, le bon génie de ma vie, celui qui « devait plus tard, au plus fort de ma détresse, « m'apporter le salut et la consolation : il « semble qu'il m'ait été envoyé du ciel !... »

Le roi dut combattre cependant pour son grand ami ; car toute la cour lui était hostile et la lutte ne fut pas sans danger pour l'adolescent nouvellement couronné ; mais rien ne put changer son cœur. On s'en vengea en inventant sur lui diverses légendes plus ou moins absurdes dont il doit peu se soucier. Sa seule et impardonnable bizarrerie est d'être profondément intelligent et de préférer l'intimité des chefs-d'œuvre aux frivoles et banals plaisirs du monde.

Durant quinze jours, je passai après-midi et soirées dans cette charmante retraite de Tribschen ;—car j'eus l'honneur d'être bientôt considérée comme une amie. Quand les esprits sont d'accord, les cœurs s'entendent bien vite, et mon affection pour mes hôtes égala bientôt l'admiration que m'avait inspirée l'artiste.

Il n'y avait de vrai dans tous les renseignements que l'on m'avait donnés sur la vie intime de Wagner, que le grand chien noir. Rus était un beau Terre-Neuve, très doux, très pacifique, qui venait souvent me voir, tout seul, à l'hôtel du Lac.

Peu de visiteurs franchissaient le seuil de la maison du maître ; il ne connaissait per-

onne à Lucerne, et cette tranquillité était
avorable à son travail ; je le voyais donc abso-
ument en famille dans toute la simplicité de
a vie et je pus me faire une idée exacte de
on caractère.

Ce qui m'avait le plus frappé, au premier
bord, dans cette tête puissante et volontaire,
près l'éclat extraordinaire des prunelles et
intensité du regard, c'était l'expression d'in-
nie bonté qui flottait sur les lèvres et qu'au-
un de ses portraits ne laissait soupçonner.

Cette bonté quasi divine, je la voyais rayon-
ier de lui à toute minute ; elle était visible
ans l'adoration qu'il inspirait, non seulement
sa famille, mais à tous ceux qui l'entouraient ;
e personnel de son petit domaine abusait
ième de cette mansuétude : il s'augmentait
eu à peu de toutes sortes de parents plus ou
noins proches, qui, venus en visite, ne s'en
llaient plus.

A mesure que je connus le Maître davan-
age, je vis s'affirmer en toutes choses cette
dmirable tendresse de l'âme qui n'a rien de

commun, chez lui, avec cette philanthropie
banale si fréquente et, la plupart du temps,
seulement théorique. C'est un Français, le
comte de Gobineau, qui a dit de Wagner : « Il
ne pourra jamais être complètement heureux,
car il y aura toujours autour de lui quelqu'un
dont il devra partager la peine. »

Je lui demandai un jour s'il avait quelque
projet sur l'avenir de son fils, alors nouveau-
né.

— J'ai l'ambition, d'abord, me dit-il de lui
assurer un très modeste revenu qui le rende
indépendant, afin qu'il soit à l'abri de ces
tracas misérables dont j'ai si cruellement
souffert; puis, je veux qu'il sache un peu de
chirurgie, assez pour pouvoir porter secours
à un blessé, faire un premier pansement. J'ai
été si souvent désolé de mon impuissance,
quand un accident se produisait devant moi,
que je veux ainsi lui éviter cette peine-là ; en
dehors de cela, je le laisserai tout à fait libre.

Madame Wagner me raconta que la com-
position des *Maîtres-Chanteurs* avait été

arrêtée pendant de longs mois, par le fait
d'un misérable chien errant malade et abandonné, que Wagner, alors à Zurich, avait
recueilli et tâchait de guérir. Le chien lui
avait fait une mauvaise morsure à la main
droite et la plaie était devenue assez douloureuse pour l'empêcher absolument d'écrire.
On ne peut pas dicter de la musique; il
était donc réduit à l'inaction qui sut mettre sa
patience à une terrible épreuve; le chien n'en
fut pas moins bien soigné.

Il y a néanmoins dans le caractère de
Richard Wagner, il faut bien le reconnaître,
des violences et des rudesses qui sont cause
qu'il est si souvent méconnu, mais seulement de ceux qui ne jugent que par l'extério-
rité des choses. Nerveux et impressionnable
à l'excès, les sentiments qu'il éprouve sont
toujours poussés à leur paroxysme; une
peine légère est chez lui presque du désespoir, la moindre irritation a l'apparence de
la fureur. Cette merveilleuse organisation,
d'une si exquise sensibilité, a des vibrations

terribles; on se demande même commen
il peut y résister; un jour de chagrin le vieilli
de dix ans, mais, la joie revenue, il est plu
jeune que jamais le jour d'après. Il se dépense
avec une prodigalité extraordinaire. Tou
jours sincère, se donnant tout entier à toute
choses, d'un esprit très mobile pourtant, se
opinions, ses idées, très absolues au premie
moment, n'ont rien d'irrévocable; personne
mieux que lui ne sait reconnaître une erreur; mais il faut laisser passer le premie
feu.

Par la franchise, la véhémence de sa parole
il lui arrive assez souvent de blesser san
le vouloir ses meilleurs amis; excessif toujours, il dépasse le but et n'a pas conscienc
du chagrin qu'il cause. Beaucoup, froissé
dans leur amour-propre, emportent sans
rien dire la blessure qui s'envenime dans
la rancune et ils perdent ainsi une amiti
précieuse; tandis que s'ils avaient crié qu'on
les blessait, ils eussent vu chez le maîtr
des regrets si sincères, il se serait efforcé avec

une effusion si vraie de les consoler que leur amour pour lui s'en serait accru.

« Chez Wagner c'est le second mouvement qui est le bon, » disait de lui un violoncelliste français qui avait tout quitté pour s'enrôler dans l'orchestre de Bayreuth; un artiste de grand mérite, un homme d'esprit qui était un des préférés du maître.

En dépit de ces rudesses de manières Wagner est, quand il le veut, un véritable charmeur; rien n'est comparable à la fascination qu'il exerce sur. les interprètes qui travaillent sous ses ordres; l'orchestre le plus hostile, le plus rebelle, est après quelques jours fanatisé; il en est de même des chanteurs à qui il inspire des dévouements sans bornes. L'illustre Schnor, le créateur du rôle de Tristan, dans lequel il fut sublime, s'écriait en rendant le dernier soupir : « Ce n'est donc pas moi qui chanterai Siegfried ! »

Il ne regrettait rien dans cette vie que la gloire d'interpréter les œuvres de Wagner.

Une des choses les plus remarquables

aussi chez Wagner, c'est la gaieté juvénile qui éclate en lui si fréquemment; cette bonne humeur pleine de charme que sa vie si tourmentée n'est pas parvenue à gâter. Sa causerie si attachante, si profonde, devient tout à coup, sans transition, pleine d'humour et de fantaisie. Il raconte d'une façon désopilante, avec une fine ironie qui n'appartient qu'à lui.

A Lucerne, il me surprenait encore par son adresse aux exercices du corps, sa singulière agilité; il escaladait les arbres les plus hauts de son jardin à la grande terreur de sa femme, qui me suppliait de ne pas le regarder, parce que, si on lui faisait un succès, disait-elle, il n'y aurait plus moyen de l'arrêter dans ses folies.

Il travaillait alors très régulièrement, se levant de grand matin; à midi il était libre, faisait de grandes courses ou se reposait en lisant, car il est très curieux de toutes les littératures et lit énormément.

Dans ces heures de tranquillité et de recueil-

ement il a des moments d'une sérénité divine. Ses traits prennent alors une douceur
incomparable, la face s'enveloppe d'une
pâleur qui n'a rien de maladif, mais semble la voiler d'une nuée légère. A ces in-
tants-là rien ne le trouble ni ne l'émeut, on le
sent seul avec lui-même, en face de son rêve,
et on songe malgré soi à un lac magnifique
reflètant le ciel.

Jamais je n'ai contemplé cette paisible rê-
verie sans émotion, sans le vif désir que rien
ne puisse la troubler, la dissiper; mais il faut
peu de chose pour amener l'agitation, le
moindre souffle y suffit : heureux si la tempête
ne se déchaîne pas !

Wagner, malheureusement pour lui, ne
connaîtra jamais ce sentiment si sagement
égoïste : l'indifférence polie.

Avant mon départ de Lucerne il voulut
organiser une excursion de quelques jours
pour nous montrer le pays de Guillaume
Tell.

Il fallut partir à l'aube et la voiture longeait

le lac des Quatre-Cantons quand le soleil se leva.

Je me souviens que sa lumière posait une étoile sur les lèvres du maître tandis qu'il nous parlait. Il s'agissait de Mendelssohn : « C'est un grand paysagiste, » disait-il. J'avoue avoir très mal regardé la contrée que je visitai. Je me rappelle, à la première étape, une truite sur laquelle Wagner fit un affreux calembour que je ne traduirai pas, puis un bateau à vapeur qui nous conduisit à Zurich, où le maître fut accueilli par la population, comme un roi bien aimé, une montagne gravie, une promenade en barque, mais de tout confusément; ce qui est resté à jamais dans ma mémoire c'est le charme de ces journées passées dans une si glorieuse intimité, c'est cette douce gaîté, cette simplicité, ces soins attentifs, cet art de tout organiser pour notre plus grand agrément ; il était levé le premier et réveillait les paresseux : il chantait pour cela la *Marseillaise* en tambourinant sur les portes.

De retour à Lucerne, Wagner avoua qu'il

avait été souffrant pendant la plus grande partie du voyage, mais qu'il s'était bien gardé d'en rien dire de peur de gâter notre plaisir.

Ce fut avec un véritable chagrin que je pris enfin congé de mes hôtes; ce qui me consola un peu, ce fut la promesse que l'on me donnerait souvent des nouvelles de *Tribschen*, promesse qui a été fidèlement tenue.

J'y revins l'année suivante, en 1870. J'étais à Lucerne lorsque la guerre fut déclarée. Il était évident, qu'avec son caractère ardent, Wagner ne pouvait manquer d'être vivement impressionné par les événements. L'idée de l'unité allemande devait le passionner, et j'avoue que je l'aurais moins aimé s'il n'eût pas subi, comme nous tous, dans ces moments de crise, le fanatisme de la patrie.

Il fut convenu pourtant que nous ne toucherions pas aux questions brûlantes sur lesquelles rien ne pouvait nous mettre d'accord; mais que nous resterions prudemment dans le domaine de l'art, où nous nous entendions si bien.

De cette façon les événements qui nous faisaient ennemis ne purent ébranler notre amitié.

De retour à Paris, la dernière lettre qui me parvint de lui, était datée du 5 septembre. Il me faisait part du baptême de son fils dont j'étais marraine; mais, hélas! de loin.

« Au moment de la bénédiction, disait-il, « un orage nous envoya des éclairs et des « coups de tonnerre bruyants. Il paraît que « les coups de foudre joueront leur rôle « dans la vie de ce terrible garçon. Mais j'aime « ces augures du ciel, tandis que je prends « en aversion ces coups terrestres qui nous « ont privés de votre assistance.

« Je garde notre silence convenu de si bon « sens. Oui, heureusement il y a une région « d'existence où nous sommes et restons tou- « jours unis. Tout ce qui nous sépare, même « dans nos jugements sur les choses qui ap- « partiennent à cette région, ne peut contri- « buer qu'à nous rapprocher davantage et « plus intimement avec le temps. »

L'horrible tempête une fois calmée, nous
ous retrouvâmes dans les mêmes sentiments,
out en continuant les uns et les autres à ré-
erver nos opinions.

En 1872, Lucerne fut abandonné pour
Bayreuth; le grand projet, depuis si long-
emps caressé, du théâtre construit d'après
es données de Wagner allait enfin se réaliser.

Le 22 avril madame Wagner m'écrivait :
« Un dernier mot de Tribschen, ma chère
amie, que nous quittons le cœur gros, et
moi l'esprit inquiet. Demain Wagner se
rend à Bayreuth, je le suis avec les enfants
et *Rus* dans huit jours. Nous ne voulons pas
partir sans vous envoyer notre souvenir
et nos tendresses..... »

Le 22 mai de cette même année la pre-
nière pierre du théâtre fut solennellement
osée à Bayreuth. A cette occasion le roi
nvoya à Wagner la dépêche suivante :

« Du plus profond de mon cœur je vous
exprime, cher ami, en ce jour d'une si
haute portée pour toute l'Allemagne, mes

« félicitations les plus chaudes et les plus
« sincères. Salut et bénédiction à la grande
« entreprise de l'année prochaine ! Je suis
« aujourd'hui plus que jamais en esprit avec
« vous.   LUDWIG. »

La symphonie avec chœurs de Beethoven,
dirigée par Wagner, fut le plus bel épisode
des fêtes qui suivirent. Le public allemand
qui s'y connaît, fut enthousiasmé par cette
exécution inimitable

« Nous ne pouvons exprimer, par des
« paroles, nos remerciements et notre admi-
« ration pour la manière dont Wagner inter-
« prète les œuvres de Beethoven, s'écriait la
« *Gazette musicale* de Berlin. Jamais nous
« n'avons entendu un orchestre spiritualisé
« à ce point, aussi joignons-nous notre part
« d'enthousiasme à celle de l'auditoire trans-
« porté. »

Et M. Richard Pohl, un écrivain connu :

« Richard Wagner, qui dirige toujours
« sans musique, sachant la partition par cœur,

« exerce un charme merveilleux et/magné-
« tique sur son orchestre; il le force à accom-
« plir sa volonté, fait de lui ce qu'il veut, sûr
« d'être obéi; il anime, enthousiasme chacun
« des musiciens et reste toujours dans un
« contact sympathique avec le corps instru-
« mental tout entier. Tous devinent, pour
« ainsi dire, sa pensée. « Il joue » de l'or-
« chestre comme d'un instrument gigan-
« tesque, avec une sûreté qui ne le trahit
« jamais, une souveraineté devant laquelle
« tous s'inclinent avec joie. Pour avoir une
» idée de ce prodige, il faut l'avoir vu; cette
« révélation est aussi unique que l'incompa-
« rable nature artistique de Wagner. »

« Notre fête est passée, m'écrivait madame
« Wagner quelques jours après, et en dépit
« d'un fort mauvais temps, elle a été magni-
« fique. Ce que Beethoven nous chantait : —
« tous les hommes deviennent frères — s'était
« réalisé durant ces quelques jours à Bay-
« reuth, où de tous les coins du monde sont
« accourus nos amis, connus ou inconnus,

« ayant tous une même pensée, une même
« foi... »

En 1876 le théâtre était terminé et cette
œuvre colossale, *l'Anneau du Nibelung*, apprise
et mise en scène. Les souverains, les artistes
de tous pays, une foule intelligente se préci-
pita vers Bayreuth, qui ne put la contenir;
il fallut camper dans les rues.

Cette petite ville, si complètement obscure
il y a quelques années et que le caprice d'un
homme de génie a tout à coup illustrée, est
cachée derrière les montagnes frileuses de la
Haute-Franconie : des bois de pins, des ruisseaux rapides, de vastes prairies bornées par
les collines bleuissantes dans le ciel brumeux,
de longs chemins bordés de peupliers où che-
minent lentement des bœufs attelés par
couple, sous leur joug de cuivre qui leur fait
comme une couronne, tels sont les abords de
cette cité si paisible d'ordinaire et qui, tout à
coup, lorsque le théâtre qui se dresse simple
et fier sur la colline, a ouvert ses portes, voit
accourir les empereurs, les rois, les princes de

tous pays, s'emplit d'une foule heureuse que les aubergistes, sortant de leur longue torpeur, écorchent à qui mieux mieux.

A propos d'aubergistes, je rappellerai un fait bien caractéristique et absolument véridique qui s'est passé à Munich. Tous les hôteliers de la ville, après s'être réunis et entendus, ont offert à Wagner d'édifier publiquement à leurs frais le théâtre projeté, mais à Munich et non à Bayreuth. Ils considéraient que c'eût été là pour eux une affaire superbe. Comme on détourne le cours d'un fleuve, ils voulaient diriger vers eux le flot des visiteurs, mais le maître a tenu pour Bayreuth et repoussé leurs offres.

Wahnfried!

C'est là le nom de la villa Wagner à Bayreuth.

Wahnfried! mot plein d'un doute mélancolique, qui fait penser longtemps et qu'on ne peut guère traduire; il signifie à peu près : « illusion de la paix. » Au faîte de la gloire, adoré presque comme un Dieu, lui dont la vie a été si tourmentée et si pénible, il veut se persuader qu'il s'est enfin créé une retraite à l'abri de toute atteinte où il pourra désormais vivre en paix; mais, lui-même, il sait bien qu'il se leurre. Le repos peut-il exister pour un esprit comme le sien qu'une impulsion irrésistible pousse toujours en avant, toujours plus haut? Illusion! folie! de marquer ainsi le point d'arrivée, de sculpter sa dalle funéraire et de creuser sa tombe quand tant de désirs fermentent encore, quand tant de rêves s'ébauchent qu'il faudra atteindre et dédaigner à leur tour.

Les légendes du Nord, les mythologies brumeuses étaient touchantes ou grandioses ; pourtant ce n'est pas tout, l'Orient reste encore à conquérir : la Perse, l'Inde et les splendeurs du Ramayana et les douces paroles du Bouddha qui médite; mais comment concevoir ces lumineuses créations, à travers le voile de brouillards que les nornes maussades tissent sur nos froids pays? il faudrait voir le soleil, le vrai soleil, celui qui répand à profusion chaleur et lumière, qui fait naître les floraisons splendides et les forêts géantes. Eh bien ? L'Inde n'est pas si loin, après tout!

Wahnfried! ce mot qui me sembla d'abord contenir un regret renfermait peut-être, au contraire, une espérance.

La maison, construite sur les plans de Wagner, apparaît au bout d'une longue allée ; elle est construite en pierres d'un gris roux, presque carrée et sans autre ornement que la fresque du fronton, qui rappelle une scène des *Niebelungen* : un escalier droit monte vers la porte qui ouvre sur une petite antichambre d'où l'on pénètre dans un vaste vestibule très élevé et éclairé d'en haut ; il est entouré, au niveau du premier étage, par une galerie ornée de peintures représentant des vues d'Orient. Le sol, pavé de dalles, quelques divans dans les angles, les statues de marbre des héros de Wagner, œuvre de sculpteurs enthousiastes, et un grand orgue américain à tuyaux de cuivre.

A droite, la salle à manger ; à gauche, un

petit salon très coquet et plein d'objets d'art ; en face, la grande salle de réunion très vaste, très somptueuse, à la fois bibliothèque, salon et salle de travail ; elle se termine par une rotonde vitrée donnant sur le jardin où babille un jet d'eau.

Le Théâtre, qui est situé hors la ville, sur une colline, est une construction très simple d'aspect qui· ressemble un peu, en moins grand, au palais du Trocadéro.

Lorsque je le vis pour la première fois se dresser majestueusement sur la hauteur, illuminé par les rayons du couchant, quand je vis cette foule recueillie monter lentement de tous côtés vers ce temple de l'art, je ne pus retenir des larmes de joie. Le rêve de toute la vie de cet homme de génie était donc enfin réalisé ! Ce monde qui l'avait tant persécuté accourait donc enfin pour l'acclamer avec un fanatisme sans précédent. Lui, si persécuté, jouissait tout vivant de l'apothéose !

Cette nouvelle phase de sa vie n'avait rien changé à sa manière d'être ; cet immense

4

triomphe ne l'enivrait pas, il me parut même qu'il n'en était pas très vivement impressionné. Les *Nibelungen* me semblaient déjà loin de son esprit qui méditait de nouvelles créations.

Il me fit visiter le théâtre dans tous ses détails, depuis l'orchestre invisible s'enfonçant sous la scène jusqu'au mécanisme qui tenait comme suspendues les ondines du Rhin. Il fallut grimper sur des praticables, descendre dans les dessous, et je m'aperçus que le maître n'avait rien perdu de son agilité de Tribschen.

Ceux qui ont assité à ces admirables représentations de 1876, où tout avait été préparé et dirigé par Wagner, ne les oublieront jamais. Une pareille solennité ne s'était pas reproduite depuis les grandes fêtes théâtrales de la Grèce antique, et elle restera, dans l'avenir, pour l'histoire de l'art, un événement capital.

Je terminerai ces quelques pages, écrites au courant du souvenir, par la relation de ma dernière visite au maître, recopiée sur mon carnet de voyage.

Bayreuth, 29 septembre 1881.

C'est avec un bien vif battement de cœur
que nous franchissons de nouveau le seuil de
cette demeure qui, en dépit de l'accueil cor-
dial qui nous y est fait toujóurs, reste pour
nous un lieu sacré, quelque chose comme le
saint des saints où l'on ne pénètre pas sans
une certaine crainte pieuse.

Toute la famille est réunie au salon
qu'égaye un rayon de soleil. Liszt, qui est
venu passer quelques semaines au milieu
de ses petits-enfants, est superbe avec ses
longs cheveux blancs, ses sourcils en brous-
sailles, sous lesquels brillent des yeux de
lion. Mon filleul est grandelet déjà, il a un
front énorme et des yeux bleus d'une douceur exquise.

Le maître remonte du jardin. Toujours le
même! rajeuni plutôt! Vraiment les immor-
tels défient le temps.

Il nous accueille avec cette effusion attendrie que lui inspirent ceux de ses fidèles dont

il se sait parfaitement aimé; car il n'a rien,
lui, de l'impassibilité égoïste qui atteint si
souvent les grands hommes arrivés à un
certain degré de gloire ; il est plutôt, comme
nous l'avons dit déjà, trop sensible, se laisse
dominer par la violence momentanée de ses
impressions, et la seule inquiétude qu'il cause
à ses proches, qui ne respirent que pour lui,
vient justement de cette véhémence dans ses
tristesses, dans ses joies comme dans ses colères, à laquelle une nature moins bien trempée
que la sienne ne résisterait pas. Il peut oublier quelquefois, changer même complètement d'avis, aimer ce qu'il détestait, et c'est
toujours avec la même sincérité.

Nous passons à la salle à manger. Le maître
est maintenant d'une gaieté pleine de verve, il
s'exprime en français avec un peu de difficulté, ce qui ne l'empêche pas de manier
toujours le jeu de mots comme personne.

Il nous parle de son voyage à Naples et à
Venise, du plaisir que lui a causé l'Italie, et
nous devinons bientôt en lui une nostalgie

du soleil et des horizons nouveaux; il pense à la Grèce, au Bosphore, à l'Inde.

Wahnfried! Wahnfried!

Une chose l'ennuie décidément beaucoup, c'est l'instrumentation de *Parsifal;* il se plaint de n'avoir pas pu encore former de jeunes artistes, capables de l'aider dans ce travail; mais c'est là une coquetterie, il sait bien que c'est impossible.

— Quand on est jeune, dit-il, que les nerfs ne sont pas fatigués et qu'on écrit encore les partitions avec une certaine légèreté (même celle de Lohengrin), sans connaître toutes les ressources du coloris et des combinaisons, le travail n'est pas comparable à celui que réclament les œuvres nouvelles et qu'il faut écrire dans l'âge mûr. Auber a cependant écrit jusqu'à quatre-vingt-quatre ans sans fatigue, mais il n'avait pas changé sa manière.

Liszt raconte un mot d'Auber, à qui l'on présentait un jeune musicien dont le talent donnait des espérances.

— Est-ce que nous ne sommes pas assez?
s'écria le maëstro.

Il parle ensuite d'une nouvelle contrebasse
à cinq cordes dont le but est de descendre
plus avant encore dans les sons graves que
les contrebasses ordinaires. Wagner dit
qu'un monsieur est venu lui soumettre une
invention de cette espèce et qu'il l'a envoyé
promener. Cependant Mendelssohn a déjà
essayé quelque chose de pareil et a produit
un bel effet.

On nous reproche de ne pas être venue un
mois plus tôt au moment où la maison était
pleine de chanteurs, à qui les rôles de *Parsifal* étaient distribués et qui commençaient les
premières études.

Wagner nous promet, pour nous consoler,
de nous en faire entendre quelques passages;
mais il joue assez mal, à ce qu'il prétend,
et ce ne sera pas la même chose.

On projette de se rendre au théâtre le lendemain et d'aller voir les modèles des décors

si le machiniste que l'on attend est arrivé
pour les monter.

30 septembre.

Nous sommes de bonne heure aujourd'hui
à Wahnfried. La grille n'est jamais fermée
qu'au pêne, et sans déranger personne nous
voulions faire une promenade solitaire dans
le jardin.

De longues treilles de vignes vierges, ensan-
glantées déjà par l'automne précoce, longent
de chaque côté l'allée qui mène à la maison :
sous leur abri il fait presque sombre ; par
place pourtant le toit de verdure s'éclaircit
et le pied fait crier les feuilles mortes. L'espace qui s'étend entre ces treilles et l'allée du
milieu est réservé au potager, mais le sol ne
semble pas très fertile. Nous aboutissons à la
serre, où il y a déjà du feu ; toutes les fleurs
délicates sont rentrées. Quelques plantes
exotiques, destinées à orner le salon, mais
qui s'étiolaient, sont là comme à l'infirmerie.

En face de la serre, de l'autre côté de la
maison, des cris et des battements d'ailes si-

gnalent le poulailler; il est vaste et très coquet :
on dirait un coin du Jardin d'acclimatation.
Des paons, des faisans argentés, des poules
rares, une nuée de pigeons, l'emplissent,
défiant le couteau du cuisinier; car ils sont là
aussi sacrés que s'ils prenaient leurs ébats
dans l'enclos d'un temple brahmanique.

C'est devant le salon, autour du jet d'eau,
que s'étend le jardin d'agrément; de jolies
pelouses, des corbeilles de roses du Bengale,
des fleurs de toutes sortes, mais dont beaucoup sont déjà mordues par la gelée. Un bois
touffu enferme, comme une muraille, cet espace libre. Il faut s'enfoncer sous son ombre
pour approcher de ce tombeau dont on a tant
parlé déjà, et que par une fantaisie assez lugubre, le maître a fait construire en même
temps que sa maison. Il est complètement
enveloppé par le taillis épais et sans issue; c'est
seulement quand l'automne dépouille les
arbres que l'on aperçoit, à travers le fouillis
des branches, une grande dalle de marbre
gris, sur laquelle les ronces s'entremêlent.

Un gracieux pavillon à deux étages, un gymnase pour les enfants, des hémicycles de verdure avec des bancs de pierre, sont disséminés dans ce bois, qui aboutit à une petite porte donnant sur le parc de la résidence royale.

La cloche qui tinte nous rappelle vers la maison.

Le maître a fini sa tâche du matin, il nous montre sur sa table la page bien remplie.

Sa vie est des plus régulières, surtout lorsqu'il poursuit, comme en ce moment, un travail pressé et fatigant; à six heures, il se lève, mais après son bain se recouche et lit jusqu'à dix heures; à onze heures, il se met au travail jusqu'à deux heures; après le dîner il se repose un instant, toujours en compagnie d'un livre; de quatre à six, il fait une promenade en voiture, puis se remet à l'ouvrage jusqu'au moment du souper, à huit heures; la soirée se passe en famille très gaiement, et avant onze heures tout le monde est couché.

A table, Liszt nous annonce que Darwin se déclare partisan de la vivisection, mais que cette affreuse pratique vient d'être interdite en Angleterre.

On sait que Richard Wagner est un des plus chauds défenseurs des innocentes victimes de la curiosité cruelle des savants; il a écrit sur ce sujet, il y a quelque temps, un long article plein de tristesse et de colère, où il répète la phrase de Faust : « Les chiens eux-mêmes ne voudront plus vivre dans un monde pareil! »

— Notre campagne a déjà eu un bon résultat en Allemagne, dit-il, les menuisiers qui fabriquent les instruments de torture destinés aux malheureux chiens se plaignent d'en vendre beaucoup moins.

Il nous demande si cette cause si humaine a en France des défenseurs; nous lui répondons qu'il en est de très ardents, tous les honnêtes gens d'abord, et nous lui citons, parmi les journalistes, Victor Meunier, qui, dans le *Rappel*, s'élève avec véhémence contre ces infamies et compare très justement la position actuelle des animaux à celle qu'occupaient autrefois les esclaves sur lesquels on se croyait alors tout permis.

On reparle de la visite au théâtre; le machiniste que l'on attendait ne peut décidément pas venir; mais nous irons voir tout à l'heure les maquettes, les décors dans l'atelier de M. Joukowski.

— Mon théâtre, dit le maître, deviendra, je crois, une sorte de Conservatoire où l'on formera des chanteurs et où la façon dont mes œuvres seront exécutées et mises en scène servira de modèle aux maîtres de chapelle qui devront les monter ailleurs. Le Conservatoire de Paris garde encore la tradition des mouvements de l'*Iphigénie* de Gluck. — Vous aviez là, ajoute-t-il, un orchestre de premier ordre; les symphonies de Beethoven étaient jouées en perfection.

Liszt raconte une bien singulière appréciation de Boïeldieu sur les symphonies de Beethoven lors de leur apparition à Paris.

— Cela fait de l'effet certainement, disait-il ; mais cela ressemble à des gens qui chiquent et jurent dans un corps de garde !

Nous sortons pour nous rendre à l'atelier de M. Paul Joukowski.

Ce jeune peintre, qui, rencontrant Richard Wagner à Naples, brigua et obtint l'honneur d'être choisi pour faire des décors de *Parsifal* et quitta tout pour suivre le maître, est le fils d'un des plus illustres poètes de la Russie, qui fut le précepteur d'Alexandre II. L'artiste s'est installé dans une maison toute voisine de Wahnfried et vit là en ermite, travaillant de tout son cœur.

Les esquisses, qui sont de vrais tableaux, sont disposées sur plusieurs chevalets. C'est d'abord la forêt au soleil levant du premier tableau, qui, pour faire place au second, glissera doucement de gauche à droite en s'enfonçant peu à peu, tandis que les personnages seront censés avancer en gravissant une colline. Ces personnages disparaîtront derrière des blocs de rochers, puis on les reverra dans

des grottes, près de substructions cyclo-
péennes, puis dans des galeries. Ils franchi-
ront enfin une porte et le temple du Graal
apparaîtra.

Le voici sur le chevalet voisin, avec ses
colonnes de porphyre aux chapiteaux de pier-
reries, ses arceaux, ses doubles coupoles, ses
profondeurs mystérieuses. Les tables destinées au repas sacré qui doit rappeler la
cène, sont dressées de chaque côté de l'autel.
Le sol, pavé de marbre lisse, reflète comme
un lac. M. Brandt, machiniste du théâtre de
Darmstadt, un homme de génie, à ce qu'il
paraît, pour qui le mot impossible n'a pas
de sens, dit qu'il pourra rendre cet effet de
miroitement, et que la seule difficulté gît dans
la rapidité du changement de décor.

Le jardin fantastique que le magicien
Klingsor a créé pour séduire et perdre les
chevaliers du Graal était peu aisé à concevoir. Wagner le voulait absolument invrai-
semblable, une conception du rêve, quelque
floraison folle née d'un coup de baguette, et

non du lent travail de la terre; il n'était satis-
fait d'aucun essai. On est parvenu cependant
à le contenter, et il paraît, qu'en scène, le décor est des mieux réussis. Le plus curieux est
que toutes ces fleurs géantes, ces gerbes, ces
grappes, ces buissons, qui ne découvren‧
qu'un coin du ciel, se fanent et meurent en
un clin d'œil, ne laissant plus voir qu'une
lande aride bornée par des montagnes de
neige, tandis qu'une pluie de feuilles jaunies
et de pétales séchés tombe sur le sol.

La prairie en fleur, près du bois printanier
qui abrite la cahute d'un ermite, avec sa
source claire qui gazouille sous l'épaisseur de
la mousse, est tout à fait ravissante : on re-
tournera de là, par un jeu de scène analogue
à celui du premier acte, au temple du Graal,
où l'œuvre se termine.

Les costumes ne sont pas non plus chose
commode, car le Maître ne se contente pas
d'à-peu-près : les costumiers s'arrachent les
cheveux; mais, dussent-ils devenir tous
chauves, il faudra bien qu'ils réussissent.

Les enchanteresses évoquées par le magicien, femmes qui sont fleurs comme les
sirènes sont poissons, sont celles qui donnent
le plus de peine. Wagner ne veut pas des
jeunes filles séduisantes, mais bien des fleurs
animées. Il y a aussi la tunique de la merveilleuse et terrible Kundry, quelque chose
comme le voile de Tanit dans *Salammbô*, le
fameux Zaïmph.

1ᵉʳ octobre.

Le Maître a tenu sa promesse ce soir et
nous a fait entendre des fragments de *Parsifal*.

— La présence de Liszt me fait perdre
beaucoup de mes moyens, a-t-il dit en riant,
il m'intimide, car je sais que mes fausses
notes l'agacent.

Malheureusement, Liszt qui, hier encore,
improvisait au piano d'une façon charmante,
en mêlant à ses inventions des motifs de Tristan et Iseult, s'est légèrement blessé au doigt
et ne peut pas jouer.

Wagner, il faut bien le reconnaître, est un pianiste très imparfait, et il rit le premier de ses maladresses; cependant nous saisissons à merveille certains passages auxquels l'auteur sait mieux que personne donner l'expression vraie.

Liszt nous écrivait il y a quelques mois : « Wagner a fait un nouveau miracle : *Parsifal.* » Ceux qui ont la chance de connaître déjà complètement l'œuvre nouvelle partagent cet avis; les chanteurs sont fanatisés. D'après l'impression générale, ce serait une nouvelle transformation dans la manière du Maître, un de ces pas de géant dont il est coutumier. Cette fois, le comble de l'art et du raffinement arriverait à un effet d'apparente simplicité, de sérénité parfaite.

Ce soir, nous prenons congé de nos hôtes illustres, en nous promettant de les revoir l'an prochain à la première de *Parsifal.*

DEUXIÈME PARTIE

L'OEUVRE POÉTIQUE

DE RICHARD WAGNER

DE RIENZI

A TRISTAN ET ISEULT

DE RIENZI

A

TRISTAN ET ISEULT

RIENZI. — LE VAISSEAU FANTOME. — LE TANNHAUSE
LOHENGRIN. — TRISTAN ET ISEULT

Le spectacle qu'offrent les pics, de plus er
plus altiers, d'une chaîne de montagnes a
moment où les voiles du matin se reploient
fournit une juste comparaison à celui qui nou
est donné par ces œuvres qui successivemen
se haussent l'une au delà de l'autre, depuis l
belle colline verdoyante jusqu'au somme
éblouissant et pour beaucoup inaccessible
De *Rienzi* au *Crépuscule des dieux* il y a l
même différence d'altitude qu'entre le mon

Capitolin et l'Himalaya. Et quelles enjambées gigantesques d'une œuvre à l'autre !

. *Rienzi* révèle déjà un génie puissant, enthousiaste, mais qui n'a fait que s'assimiler, avec la plus grande aisance, les beautés qui l'avaient le plus charmé dans l'œuvre de ses devanciers. Il aime l'éclat, les pompeux cortèges, le tumulte des batailles ; l'orchestre brillant, retentissant, s'emporte, s'exalte ; la force qui le soulève, et ne se possède pas encore, se dépense en clameurs, en cris héroïques d'une véhémence extrême ; mais rien ne fait encore pressentir le novateur, si ce n'est pourtant le sens presque prophétique de ce sujet si ardemment révolutionnaire.

Entre *Rienzi* et le *Vaisseau-Fantôme,* un abîme s'est creusé. Le jeune maître, dédaignant le succès de sa première œuvre, la juge avec sévérité et la rejette de lui ; il la considère comme un essai. Du premier coup il a su égaler ses modèles, mais il se sent bien loin de son rêve, un monde nouveau palpite en son esprit, il doit briser les vieux moules et les entraves de la routine pour pouvoir s'envoler librement dans des régions inexplorées.

L'artiste, sûr de lui maintenant, abandonne définitivement les sujets historiques dont la réalité trop brutale cadre mal avec l'idéalité de la musique; la légende, dans sa naïve poésie, est bien mieux ce qu'il convient; désormais la voie est trouvée, il ne s'en écartera plus, il élargira seulement de plus en plus sa pensée. Du chant populaire fredonné par les fileuses de Norwège, en faisant tourner leur rouet, il s'élèvera jusqu'aux farouches grandeurs des théogonies du Nord.

C'est dans un voyage en mer, pendant une tempête qui le jeta vers les bords de la Norwège, que Richard Wagner se fit redire par les marins eux-mêmes l'histoire effrayante de ce Hollandais-volant, Ashaverus de la mer, qui blasphéma, défia l'orage avec l'aide de Satan et fut condamné à errer sans cesse, lui et son fantastique navire. Mais la mystique jeune fille, pâlie par le reflet des neiges, qui languit d'amour pour le damné emporté sans cesse à

travers l'éclair et les naufrages, le sauvera s'il
vient jusqu'à elle, par son dévouement fidèle
jusqu'à la mort.

Cette œuvre semble venue d'un seul jet
sous l'inspiration d'une impression violemment
éprouvée. L'Océan, avec ses rages, ses
crimes, ses mystères et ses douceurs est tout
entier dans cette musique qui est comme
l'âme de la mer.

S'il reste encore quelques traces des an-
ciennes formules, c'est seulement dans les
parties secondaires de l'œuvre. L'orchestre
n'est plus cette grande guitare qui accompa-
gne un chant : il prend déjà une importance
capitale, les dessins se divisent, s'enchevêtrent,
ont un sens précis ; l'ensemble, moins bruyant,
acquiert une puissance jusqu'alors inconnue.
Le tissu orchestral devient la trame sur laquelle se brodent les personnages ; il se fait
l'Océan qui porte le navire, l'atmosphère qui
enveloppe l'action et où les pensées, les sentiments des héros se répercutent, s'amplifient,
deviennent visibles pour ainsi dire, et font

éprouver à l'esprit tout ce qu'il y a d'inexprimable dans les sensations de l'âme.

La légende de *Tannhauser* vit encore en Allemagne, surtout dans la verte Thuringe où se dresse le fameux château Wartburg, qui, sous les landgraves hospitaliers du xiii⁰ siècle, fut le théâtre des luttes pacifiques livrées par les illustres trouvères.

En face du château s'élève une montagne nue, blafarde, comme brûlée, qui fait une tache étrange au milieu de la fraîche végétation des vallons voisins; c'est là ce terrible Vénusberg habité, d'après une tradition populaire, par une déesse dangereuse. Cette divinité fut autrefois Holda la bienfaisante, qui venait, chaque année, éveiller le printemps et parcourait la contrée en semant des fleurs sous ses pas. Mais, maudite par le christianisme, elle dut se réfugier dans les cavernes inconnues de la montagne; on la confondit bientôt avec Vénus, la souveraine des sens.

Les·grâces, les sirènes, les bacchantes et

es faunes formaient sa cour, et des voix en
hanteresses séduisaient ceux que d'impurs
ésirs guidaient vers la Montagne : des che-
hins inconnus s'offraient à leurs pas et ils
taient entraînés dans les mystérieux palais
u'elle enferme, dans le séjour d'éternelle
erdition dont nul ne revenait.

Le chevalier Tannhauser, intrépide et cu-
ieux, trouva le chemin des grottes du Vénus-
erg, et, sept ans, fut l'époux de la déesse ; après
uoi, rassasié de voluptés, dévoré de remords,
spirant à la douleur humaine, il parvint à
'arracher des bras de sa diabolique amante
n invoquant le nom de la vierge Marie. Il
lla se confesser au pape et implorer son par-
on ; mais le pontife lui répondit, qu'ayant
artagé les plaisirs de l'enfer, il était à jamais
amné. Puis levant sa crosse, il ajouta : « Pas
lus que ce bâton ne saurait reverdir, pas
lus il n'y a de pardon pour toi. » La légende
joute qu'au bout de trois jours la crosse se
nit à fleurir en signe que la grâce céleste est
lus grande que celle d'un pontife.

C'est de ce récit, agrandi par un souffle puissant, que Wagner a tiré son drame, en mêlant à son tissu la tradition sur les luttes fameuses des poètes chanteurs et aussi la figure chaste et mélancolique d'Elisabeth qu'il confond volontairement avec la sainte princesse dont la vie vertueuse illustra le château. Mais ce que Richard Wagner a voulu surtout développer dans cette œuvre merveilleuse, c'est la lutte éternelle de la chair et de l'esprit, de la bête et de l'ange qui sont en l'homme et se disputent son âme, et c'est ce qu'il a su rendre avec une clarté et une grandeur incomparable.

Les discussions soulevées jadis à Paris par les représentations de *Tannhauser* ont mieux fait connaître cette œuvre tombée que beaucoup d'autres illustrées par le succès; il est donc inutile d'en parler davantage.

Lohengrin, qui n'a jamais été représenté à Paris et qui y est fort mal connu par des exécutions partielles des plus médiocres, est, chose étrange, presque populaire. Quiconque a entendu à l'orchestre le prélude qui figure la vision du roi Titurel, lorsque les anges lui apportèrent le Saint-Graal, ne peut oublier cette page admirable et l'impression extraordinaire qu'elle produit.

Tout d'abord un frémissement imperceptible s'empare des sons les plus aigus des flûtes et des violons ; on croirait entendre vibrer l'Ether irrespirable des cieux supérieurs ; des palpitations d'ailes invisibles agitent l'air léger, des voix d'anges semblent chuchoter dans la transparence de l'espace, et voilà qu'une lueur, comme un astre lointain, apparaît au plus haut des cieux ; des chœurs de séraphins l'accompagnent en chantant un cantique d'amour ; l'air s'agite, la lueur approche et grandit, les voix s'enflent, et, bientôt, dans une irradiation de trompettes, la vision lumineuse resplendit dans toute sa gloire ; la coupe incomparable, taillée dans une pierre qui tomba, dit-on, de la couronne de Lucifer lorsqu'il fut précipité du ciel, et qu'emplit maintenant le sang du Sauveur, est confiée aux mains pures d'un saint chevalier ;

puis les anges reprennent leur vol, la lueur s'efface, on n'entend plus que les vibrations de l'atmosphère, qui, peu à peu, diminuent, se ralentissent, s'éteignent.

Le rideau se lève sur un site des environs d'Anvers, au bord de l'Escaut. Nous sommes au xᵉ siècle. Henri l'Oiseleur, roi d'Allemagne, est venu en Brabant pour convoquer les hauts seigneurs du pays selon la coutume féodale. Frédéric de Telramund, le plus vaillant des seigneurs brabançons, vient accuser devant tous Elsa, duchesse de Brabant, du meurtre de son jeune frère disparu sans laisser de traces. La jeune fille ne possède aucun moyen de prouver son innocence ; sa cause sera remise au jugement de Dieu. Mais lorsque le héraut a fait résonner la trompette vers les quatre coins de l'horizon, aucun chevalier ne descend dans la lice pour défendre Elsa. Elle a confiance pourtant dans une vision singulière : un guerrier charmant est venu la visiter en rêve, c'est lui qui combattra pour elle. Pourtant un second appel du héraut reste sans réponse; mais alors avec un élan de foi sublime elle se jette à genoux et demande au ciel de faire paraître le défenseur que la vision lui montra.

Bientôt en effet le peuple, groupé sur les rives du fleuve, signale, dans une agitation croissante, au loin une étrange nacelle tirée par un cygne éblouissant; elle s'avance, elle approche; un chevalier, d'une beauté merveilleuse, est debout dans la nacelle; son casque léger, sa cuirasse d'argent, resplendissent; d'une main il s'appuie sur son bouclier. « Miracle! miracle ! » crie la foule, est-ce là un archange envoyé par Dieu?

Le mystérieux chevalier touche le rivage; d'une voix calme et mélancolique il dit adieu au beau cygne qui l'amena et retourne maintenant vers les régions inconnues d'où il vient, puis il s'avance au milieu des assistants surpris et charmés. « Je viens, dit-il, défendre l'innocence accusée injustement. Qui veut combattre contre moi ? »

Telramund, en dépit du caractère sacré de

son adversaire et préférant la mort au dés-
honneur, relève le gant et soutient l'accusa-
tion.

Le chevalier s'approche alors d'Elsa ravie
en extase, et lui dit d'une voix douce et grave :
« Si je remporte la victoire, veux-tu que je
sois ton époux !... Il faudrait alors me pro-
mettre solennellement que jamais tu ne cher-
cheras à savoir de quelles contrées j'arrive, ni
quel est mon nom et ma nature. » — « Mon
bouclier, mon ange, mon sauveur! s'écrie
Elsa, toi qui me défends dans ma détresse,
comment ne garderai-je pas fidèlement la loi
que tu m'imposes ?... » — « Elsa, je t'aime!... »
murmure l'inconnu avec une ineffable tendresse.

Le roi bénit les armes et le combat com-
merce. Le chevalier a facilement raison de
son adversaire auquel il fait grâce de la vie;
l'innocence d'Elsa est proclamée par tout le
peuple dans un hymne de joie triomphale.

Mais la femme de Telramund, Ortrude,
fille du roi des Frisons, qui ambitionne le

trône du Brabant, parvient à exciter chez
Elsa la curiosité féminine, à verser dans son
cœur le poison du doute, à flétrir sa joie. Elle
l'obsède enfin jusqu'à ce que Elsa, éperdue,
viole son serment en exigeant de son époux
l'aveu de son origine. Le doute a tué la foi
qui emporte avec elle le bonheur ; la nuit d'a-
mour s'achève en désespoir.

C'est dans une prairie au bord de l'Escaut, où arrivent successivement, bannières
aux vent, fanfares sonnantes, les comtes brabançons suivis de leur vassaux, convoqués
par le roi Henri à une expédition contre les
Hongrois, que le chevalier mystérieux dévoi-
lera son origine.

« Dans une contrée lointaine, dit-il, sur
une haute montagne nommée Mont-salvat, se
dresse un temple magnifique dans lequel des
chevaliers d'une vertu parfaite conservent une
coupe miraculeuse. C'est le Saint-Graal, le
vase dans lequel le Christ consacra le pain et
le vin lors de la Cène et où, plus tard, son
sang fut recueilli par Joseph d'Arimathie. Des

anges avaient emporté au ciel cette coupe sacrée ; mais ils la rapportèrent au saint roi Titurel, qui fonda le temple du Graal et l'ordre de ses chevaliers. Ceux qui servent le Graal sont doués d'une vertu miraculeuse ; mais une loi sévère les oblige à rester inconnus parmi les hommes ; si leur nom est dévoilé ils doivent aussitôt s'éloigner et regagner la montagne sainte. C'est pourquoi je dois vous quitter en vous apprenant que Parsival, mon père, est roi du Graal et que moi, son chevalier, j'ai nom Lohengrin. »

Le cygne reparaît sur la rive pour remmener le guerrier charmant vers sa miraculeuse patrie. Elsa a détruit son bonheur, elle voit l'archange sauveur s'éloigner pour jamais.

Lohengrin est peut-être le plus parfait des trois drames lyriques qui forment la seconde période dans l'œuvre du maître.

De *Lohengrin* à *Tristan et Iseult* il y a la même distance que de *Rienzi* au *Vaisseau-Fantôme* ; c'est une nouvelle révélation, un art nouveau, quelque chose de parfait et de défi-

nitif, une envolée prodigieuse vers l'avenir ;
il n'est plus, pour ainsi dire, question de
musique, dans le sens qu'on attachait na-
guère à ce mot; c'est la poésie, forme superbe
et précise, ayant une âme sonore, frémis-
sante. Apollon et Orphée, fondus en une
seule lyre ! Les œuvres qui suivront seront
peut-être plus grandioses, mais *Tristan et
Iseult* est et restera le chef-d'œuvre parmi les
chefs-d'œuvre, par la raison que le sujet du
poëme est celui qui, dans l'art comme dans
l'âme humaine, prend de droit la première
place. *Tristan et Iseult*, c'est l'amour même
dans sa plus complète, dans sa plus sublime expression.

Les états les plus poignants de la passion y
sont poussés à leur paroxysme. Au premier
acte, c'est l'amour impossible, héroïquement
dompté, qui consume le cœur sans qu'un cri
s'échappe des lèvres : Tristan conduisant vers
un autre la royale fiancée, dont il a lui-même,
dans un aveuglement d'amour, sollicité la
main pour le roi de Cornouailles, et l'amour

qui se croit méprisé : Iseult, dévorée de colère et de tendresse, impuissante à vaincre le tumulte de son âme et vouant au naufrage le navire qui l'emporte, avec le héros qui la dédaigne, vers cette terre où elle ne veut pas aborder.

« La mort plutôt! la mort pour nous deux! s'écrie-t-elle. »

Et puisque l'ouragan la trahit, que déjà la terre maudite est signalée : le poison!

Tristan ne peut refuser de vider une coupe en l'honneur d'Iseult, de boire à la réconciliation, car une dette de sang est entre eux, dès longtemps effacée par l'amour inavoué, mais dont elle feint de se souvenir. Tristan comprend bien que c'est l'oubli éternel que lui verse la main qu'il adore en secret; il accepte avec reconnaissance cet adoucissement à des maux sans remède.

Cependant, sur le seuil de la mort, tous deux laissent tomber le masque; l'incendie se déchaîne alors, l'amour triomphant les jette aux bras l'un de l'autre dans l'enivrement d'une joie suprême qui doit payer leurs souffrances passées. C'est cœur contre cœur, les yeux dans les yeux, que leur cœur cessera de battre, que leurs regards s'éteindront !

Mais, hélas ! ils sont trahis ; la suivante trop dévouée a substitué au breuvage mortel un philtre d'amour, et au lieu de l'ombre bienfaisante qui les réunissait, voici le rivage abhorré et le jour décevant qui les arrache l'un à l'autre.

Un pareil amour une fois déchaîné ne peut plus être étouffé ni dompté, c'est un embrasement formidable, un flamboiement qui rayonnera au delà de la mort ; il a tout dévoré, loyauté, honneur, vertu. La terre s'est effacée devant cette ivresse extra-terrestre d'être l'un à l'autre !

« Volupté infinie, sublime, que nul cœur jamais n'a connue ni pressentie ! »

Leur bonheur les écrase même et les étouffe, le cœur ne peut contenir un tel amour, le verbe humain n'a pas de cris pour l'exprimer. Les plus brûlantes étreintes les laissent désu-

nis. Tristan et Iseult sont deux, et ils vou-
draient se fondre en une seule âme, une pensée unique, un scintillement d'amour dans la
nuit illimitée! aussi, éperdus, inassouvis, as-
pirent-ils à l'infini de la mort; ils rêvent de
s'enfuir au delà des mondes, dans cette ombre mystérieuse qui sur terre les protège,
mais dont le jour et les vains fantômes de la
vie triomphent sans cesse pour leur infliger
le torture de la séparation.

« La nuit éternelle, l'auguste nuit d'amour
sans les terreurs du matin! l'enchantement
d'un long rêve dans des espaces sans limites!
plus de noms qui séparent! Une seule flamme,
une seule pensée, l'évanouissement délicieux
dans les bras l'un de l'autre, l'ardente volupté
de la mort, sans fin, sans réveil ! »

Mais, brusquement, voici le jour cruel, et
avec lui la honte. L'amour sublime est traîné
devant tous, outragé comme un vulgaire adul-
tère. Puis le combat dans lequel Tristan, ivre
encore de l'extase divine, n'est plus le héros au
bras victorieux et tombe mortellement blessé.

Lorsqu'on le revoit agonisant, mais respirant encore pour souffrir, c'est dans l'antique donjon de ses ancêtres en Bretagne. L'écuyer fidèle l'a transporté là dans une barque à travers la mer. Il est maintenant à l'abri de toute surprise. Mais Iseult?... lorsque ces yeux, qui semblent clos pour toujours, s'éveilleront à la vie, si la douce souveraine de cette âme ne les éclaire pas, ils se refermeront pour toujours. Iseult sait la retraite du bien-aimé, elle va voler vers lui, mais les minutes sont des siècles, la mer est déserte et vide jusqu'à l'horizon muet.

Voici qu'il revient à lui le héros, avec le nom chéri sur les lèvres. Tristan ne pouvait pas mourir puisque Iseult est encore dans l'empire du soleil. La porte de la mort qui s'était déjà refermée sur lui avec fracas se rouvre toute large devant le désir invincible, le désir de la revoir, celle avec qui seulement il peut s'anéantir dans la nuit éternelle.

Déserte et vide est la mer !

C'est alors que toute la furie du désespoir

déchire l'âme de Tristan. L'amour et la fièvre confondant leur délire, il se tord sur son lit de douleur avec les cris d'une souffrance surhumaine. Rien ne peut donner l'idée de cette effroyable agonie où la flamme de l'amour ne peut être éteinte par la mort, de cette attente éperdue de l'âme qui retarde le suprême départ.

Par moments le héros retombe terrassé, mort peut-être... Mais quand l'écuyer tout en pleurs se penche pour surprendre un dernier souffle, une dernière palpitation, le cœur de Tristan répond tout bas : Iseult !...

Et il renaît encore une fois à l'espérance, ce martyr d'amour; le navire, bien que les yeux vulgaires ne puissent le voir, il l'aperçoit, lui, et sur le navire, Iseult, qui lui fait signe.

« Ne la vois-tu pas encore ? Majestueuse et douce, elle traverse en souveraine les champs de la mer; elle vient, portée vers la terre par des flots de fleurs enivrantes; son sourire me versera la consolation suprême. O Iseult !

Iseult! que tu es gracieuse! que tu. es belle!... »

Le navire est en effet signalé : les yeux de l'âme ne trompent pas. Toutes voiles gonflées, il vole sur les flots; elle approche, elle arrive, l'enchanteresse. Quelle impatience délirante! quelle frénésie de joie !

« Ivresse de l'âme, volupté sans mesure, impétueuse ardeur du sang, comment vous supporterai-je, enchaîné sur cette couche? Debout! debout donc, et en marche vers les cœurs qui battent! »

Déjà la voix d'Iseult se fait entendre, et le héros s'élance en chancelant hors de son lit. La voici!... elle l'appelle, lui tend les bras; mais il ne peut plus que mourir à ses pieds en prononçant une dernière fois le nom adoré !

« Ah! une heure encore, rien qu'une heure reste-moi éveillé! s'écrie Iseult éperdue de désespoir; je n'ai vécu tant de jours d'angoisses et de désirs que pour veiller une heure encore avec toi; ne meurs pas de la blessure, laisse la moi guérir afin que, sains et saufs, nous partagions les saintes délices de la nuit.

La flamme est éteinte ; l'âme est envolée. Iseult, fidèle, suivra Tristan dans la mort ; déjà le bien-aimé l'attire vers le mystérieux séjour ; des ondes puissantes semblent l'emporter ; le bourdonnement de l'infini emplit ses oreilles ; la nuit, la nuit consolante l'enveloppe mollement, la submerge, elle s'y noie, s'y abîme pour s'unir enfin à jamais à la flamme jumelle et se perdre avec elle dans le souffle divin de l'âme universelle.

On ne peut s'imaginer l'intensité d'impression que ce poème si passionné, si poignant par lui-même, acquiert, uni à la magie de la musique ; c'est comme une sensualité de l'âme, une immatérielle volupté : l'enivrement, la langueur douloureuse que laisse l'audition de cette œuvre est ineffaçable. Tous ceux qui ont su en comprendre les beautés transcendantes et ont subi le charme terrible, dans toute sa puissance, reconnaissent qu'aucune sensation artistique n'est comparable à celle que fait éprouver cette œuvre extraordinaire.

Bien des volumes ont été écrits dans toutes les langues sur le *Tristan et Iseult* de Wagner, beaucoup seront écrits encore, car c'est le magnifique privilège des chefs-d'œuvre d'être une source intarissable de suggestions.

LES

MAITRES CHANTEURS

DE NUREMBERG

LES

MAITRES CHANTEURS

DE NUREMBERG

L'action se passe au seizième siècle, à cette époque si singulière où l'art et la poésie, dédaignés par la noblesse, s'étaient réfugiés chez les bourgeois et les artisans.

Depuis la disparition des *Minnessinger*, ces chanteurs d'amour très semblables à nos trouvères, les maîtres chanteurs seuls enseignaient la poésie et la musique. Ces maîtres étaient aussi chefs de corporations, et leurs élèves, en même temps leurs apprentis, apprenaient simultanément chez eux à coudre une semelle et à filer un son, à scander un vers et à tailler un haut-de-chausse. On s'imagine aisément combien l'art dut s'atrophier dans un pareil milieu, de combien de règles et de lois ces hommes à cerveaux étroits surent entraver l'essor de l'inspiration, qui dut refermer ses ailes et marcher dans les sentiers tracés : c'était quelque chose comme un oiseau élevé par des taupes.

Si par aventure un nouveau venu, n'ayant pour toute science que son génie, se hasardait dans le cénacle des artisans poètes, on devine quel concert d'imprécations accueillait la liberté avec laquelle il brisait, comme des fils d'araignées, les lois minutieusement tissées par la routine. C'est un événement de cette nature que Richard Wagner a choisi pour nouer l'intrigue de sa comédie.

Walther de Stolzing, un chevalier de Franconie, s'est épris de la fille de Pogner, riche orfèvre de Nuremberg. Mais c'est seulement celui qui sera proclamé maître chanteur au prochain concours qui pourra obtenir la main d'Eva.

Walther, qui ne sait pas le premier mot de l'art, veut cependant concourir, il cherche à se renseigner un peu auprès du naïf David, l'apprenti et l'élève de Hans Sachs.

La scène a lieu dans un des bas-côtés de l'église Sainte-Catherine à Nuremberg, que les apprentis sont en train de disposer pour une séance des maîtres.

— Ainsi, dit David à Walther d'un air plein d'importance, vous voulez devenir maître ?

— Est-ce donc si difficile ?

— L'art des maîtres ne s'acquiert pas comme cela en un jour ! Voici une année que je travaille, moi, avec le plus grand de Nuremberg, Hans Sachs, qui m'enseigne en même temps la poésie et la cordonnerie; quand j'ai bien tanné le cuir il me fait dire des vocales et des consonnances; quand j'ai bien raidi le fil, il me fait comprendre la rime. Et bien, où croyez-vous que j'en sois arrivé maintenant ?

— Peut-être à confectionner une bonne
paire de brodequins.

— Ah! je n'en suis pas encore là, s'écrie
l'apprenti.

— Voyons, conseillez-moi, dit Walther.

— Eh bien! sachez que les tons et les
modes des maîtres sont très nombreux et
qu'ils ont chacun leur nom : il y a le ton
court, le ton long et le ton trop long, le mode
du papier à écrire, le ton sucré et le ton des
roses, le ton de l'amour court et le ton oublié,
le mode du zing anglais, de la tige de cannelle,
des grenouilles, des veaux, le mode du glou-
ton décédé ou du pélican fidèle...

— Mon Dieu! qu'est-ce que tout cela?
s'écrie Walther épouvanté.

— Mais il ne suffit pas de savoir les noms,
reprend David, il faut savoir comment l'on
chante chaque mode pour ne rien changer à la
fioriture et à la *tabulatur*; pour moi je ne suis
pas encore si avancé, et c'est bien souvent le
mode du martinet que mon maître me chante,
et si ma bonne amie Magdalene ne me vient

pas en aide, je chante, moi, l'air du pain sec et de l'eau. — Apprenez encore qu'un maître chanteur est celui qui compose un mode nouveau, poésie et musique.

Le pauvre Walther est abasourdi. Cependant, l'amour l'empêche de renoncer à son dessein, et lorsque Pogner s'avance accompagné de Beckmesser, un grotesque tabellion qui aspire, lui aussi, à la main d'Éva, Walther s'approche du père de sa bien-aimée et lui fait part du désir qu'il a de concourir.

Bientôt les maîtres chanteurs s'assemblent pour délibérer à propos du concours public qui a lieu le lendemain. Parmi les bizarres physionomies des artisans poètes, se détache la belle figure de Hans Sachs, l'illustre poète cordonnier.

Pogner présente à ses confrères le jeune chevalier en annonçant qu'il veut prendre part au concours.

— Ah! s'écrie-t-on aussitôt, dans quelle école avez-vous appris? quels sont vos maîtres?

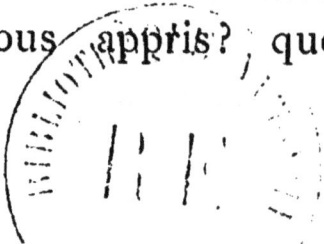

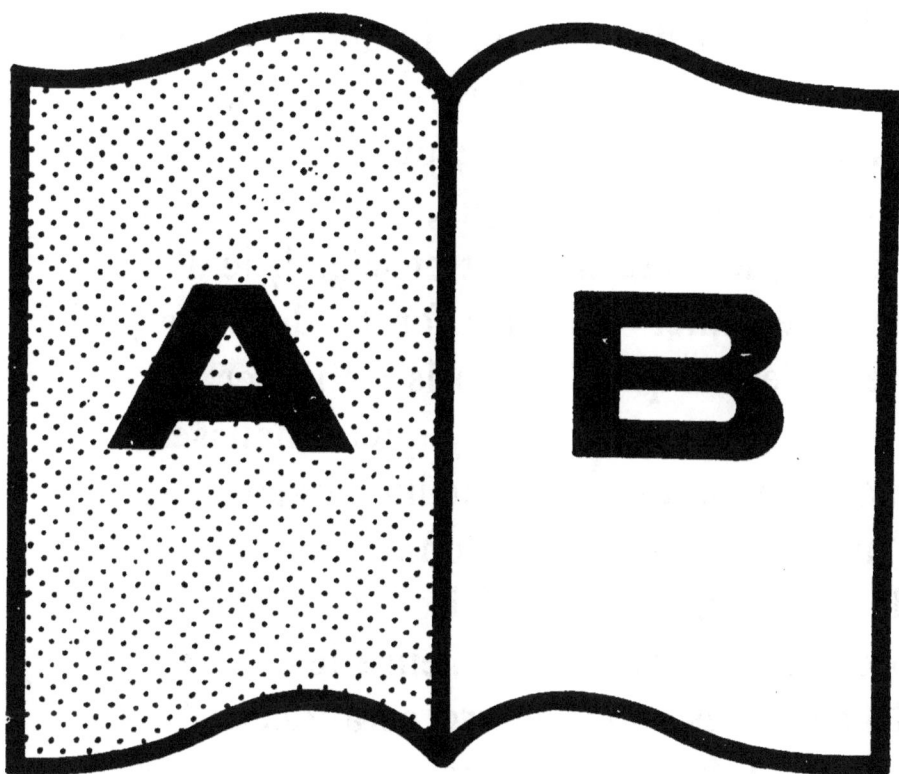

Contraste insuffisant

NF Z 43-120-14

— Lorsque, au plus fort de l'hiver, la
neige couvrait la cour et le château, dit
Walther, assis au coin du foyer tranquille,
je lisais un vieux livre qui me parlait des
charmes du printemps ; puis bientôt le printemps venait, et ce que, pendant les nuits
froides, le livre m'avait enseigné, je l'entendais résonner dans les forêts, dans les prairies : c'est là que j'ai appris à chanter.

On pense quels cris, quels haussements
d'épaule autour du jeune audacieux. On
l'invite cependant à donner un échantillon
de son talent. Il doit faire entendre une improvisation ; mais s'il offense les règles plus
de sept fois, son œuvre sera déclarée sans
valeur. Déjà, le marqueur, armé d'une ardoise et d'un morceau de craie, entre dans la
guérite où il doit s'enfermer pour écouter
le chant et marquer les fautes. Ce marqueur,
c'est Beckmesser, le concurrent, le rival de
Walther.

— Commencez ! crie-t-il du fond de sa lo-
gette.

Walther saisit ce mot qui lui est jeté comme un défi.

— Commencez ! s'écrie-t-il, c'est là le cri que le printemps jette à la nature et sa voix puissante résonne dans les forêts, dans les halliers, les échos lointains se la renvoient, alors tout s'éveille, tout s'anime. Les chants, les parfums, les couleurs vont naître à ce cri.

Toute la joie dont la fête du printemps peut emplir un cœur de jeune homme chante dans la voix de Walther. Mais les règles, qu'en fait-il ? et les fioritures ? et la tabulatur ? A chaque instant on entend grincer la craie sur l'ardoise et bientôt même le marqueur jaillit furieux de sa guérite déclarant qu'il n'y a plus de place sur la tablette. Alors toutes les langues se déchaînent, toutes les colères éclatent sur la tête du chevalier : il a entassé erreur sur erreur, bêtise sur bêtise, il ne sait pas le premier mot de l'art.

— Il s'est même levé brusquement de son siège ! s'écrie un maître à bout d'arguments.

Au milieu du tumulte qui devient formidable, Walther reprend son chant joyeux et
libre comme pour protester, au nom de la
nature renaissante, contre le souffle glacé de
l'hiver stérile. Les espiègles apprentis, tout
heureux de cette confusion, enveloppent l'as-
semblée furieuse dans une folle ronde, et
souhaitent ironiquement à Walther le bou-
quet de fiancé.

Le second acte nous montre une des rues
si pittoresques de la Nuremberg ancienne ;
d'un côté s'ouvre l'échoppe de Hans Sachs,
de l'autre se dresse la maison de Pogner.

Sachs revient tout rêveur de la tumultueuse
séance ; lui seul a été profondément troublé
par l'improvisation du chevalier, et il sent ses
vieilles croyances chanceler.

— Ah ! dit-il, tandis que dans l'orchestre
passent et repassent des fragments du chant
de Walther, cette mélodie je ne puis la retenir, et je ne puis pas non plus l'oublier,
c'était nouveau et cela résonnait comme un
chant ancien...

Il rentre chez lui et se met au travail devant sa fenêtre ouverte.

Éva, qui aime le chevalier, vient surprendre Hans Sachs et tâche d'obtenir de lui quelques renseignements sur la séance et l'accueil qui a été fait à Walther.

— Ah! pour celui-là, tout est perdu! s'écrie Sachs. Sache-le, mon enfant, celui qui est né maître ne fera pas fortune parmi les maîtres; qu'il aille donc ailleurs chercher son bonheur.

— Oui, c'est ailleurs qu'il le trouvera, s'écrie la jeune fille avec colère, c'est près des cœurs qui brûlent encore d'une flamme généreuse, en dépit des maîtres envieux et sournois.

Walther survient, encore tout frissonnant de rage, il veut enlever sa bien-aimée et l'épouser dans son château. Le soir est tombé tout à fait, l'heure est propice, la rue déserte. Eva consent à suivre le chevalier; mais Hans Sachs, qui surveille les amoureux, entr'ouvre son volet et fait tomber sur eux la lueur de la lampe, une traînée lumineuse barre la route, les deux amants sont faits prisonniers par ce rayon.

De plus, voici Beckmesser, qui s'avance armé d'une guitare ; il pense qu'une sérénade disposera bien le cœur d'Eva, et il commence à préluder.

Sachs, de son côté, a porté dehors son établi et recommence à travailler ; de cette façon il pourra mieux surveiller les fugitifs. Il frappe donc de toute sa force sur une forme et entonne une chanson bruyante au grand déplaisir du donneur de sérénades.

Déjà quelques fenêtres s'ent'rouvent et des têtes inquiètes s'avancent, s'informant de ce qui se passe. Beckmesser ne veut pas céder, il chante de plus en plus fort pour couvrir la voix de Sachs qui, lui non plus, ne veut pas se taire. Le charivari devient extraordinaire, les habitants réveillés accourent de tous côtés ; David qui croit que la sérénade s'adresse à son amie Magdalene, la servante d'Eva, tombe à poings fermés sur le chanteur. Du haut des fenêtres on vide des cruches d'eau sur la tête des tapageurs; les apprentis viennent à plaisir augmenter la confusion, tout le monde parle à la fois, on s'exaspère, on se dispute, les coups sont lancés à tort et à travers, la mêlée est générale.

Tout à coup un son de trompe se fait entendre au loin et, comme par enchantement, la foule se disperse, chacun rentre chez soi, les fenêtres se referment, et le veilleur de nuit qui se frotte les yeux, croyant avoir rêvé, s'avance dans la rue déserte.

— La onzième heure vient de sonner, gardez-vous des spectres et des lutins, chante-t-il, tandis que la lune montre sa large face derrière un pignon pointu.

· La toile se relève sur l'intérieur de Hans Sachs. Walther, qui a passé la nuit sous le toit du cordonnier, entre dans l'atelier, abattu, découragé, car le jour qui se lève c'est celui de la fête et du concours: tout espoir d'obtenir Eva est donc perdu.

— Voyons, dit Sachs, ne renoncez pas encore, faites-moi un poème sur le rêve, par

exemple, qui a traversé cette nuit votre sommeil.

Le jeune homme obéit, et Sachs écrit les
vers sur une feuille de papier, qu'il oublie à
dessein sur sa table, tandis qu'ils vont tous
deux se préparer pour la fête.

A peine sont-ils sortis, que Beckmesser
survient tout meurtri encore de la bataille
nocturne dont l'orchestre méchamment lui
rappelle toutes les péripéties. Ses regards
tombent sur la feuille de papier, il lit les vers
et s'imagine que Sachs, lui aussi, veut concourir et aspire à la main d'Eva; lorsque le cordonnier revient, Beckmesser lui fait à ce sujet
d'amers reproches et l'accable de sarcasmes.

— Qu'avez-vous ? dit Sachs en riant. Je n'ai
jamais songé à concourir et si ces vers ont su
vous plaire, je vous les donne, faites-en ce que
vous voudrez.

Beckmesser croyant que les vers sont de
Sachs, le plus habile maître de Nuremberg,
emporte tout joyeux la bienheureuse feuille,
sûr de la victoire.

Eva, délicieusement parée pour la fête, mais triste et le front pâli, entre en passant dans, l'atelier de Sachs. Elle 'a pris pour prétexte son soulier qui la blesse, à ce qu'elle prétend, mais Sachs sait bien *où le soulier la blesse*, malgré les reproches qu'elle lui adresse de ne pas le deviner. Tandis qu'agenouillé devant elle, le cordonnier la tient prisonnière, un pied déchaussé, feignant de rectifier cette chaussure à laquelle elle trouve tous les défauts, Walther sort de la chambre et reste ébloui au sommet de l'escalier devant la jeune fille plus belle que jamais dans sa toilette de fiancée. Il improvise alors avec enthousiasme la dernière strophe de son chant.

Eva, toute palpitante de surprise et d'émotion, l'écoute en retenant son souffle.

— Eh bien, va-t-il enfin ce soulier? dit Sachs d'une voix attendrie.

Eva comprend enfin que le bon cordonnier est son ami et son allié et elle se jette en pleurant dans ses bras.

Après un court entr'acte, le rideau se
relève sur l'emplacement où a lieu la fête.
C'est au bord de la rivière dans laquelle
Nuremberg mire ses toits pointus, ses tours
et ses remparts, dans une vaste prairie qui
s'étend sur la rive. De tous côtés arrivent les
citadins, les paysans; des bateaux pavoisés
débarquent de joyeuses compagnies, les corporations s'avancent au son des trompettes
de la ville, les apprentis tout enrubannés
mêlent leur joie à ce gai tumulte, ils enlacent
des jeunes filles alertes et dansent sur l'herbe
une valse rustique; mais une rumeur de la
foule annonce l'arrivée des maîtres chanteurs.
Le silence s'établit et les maîtres font majes
tueusement leur apparition. La charmante Eva
est près de son père et tient à la main la couronne destinée au vainqueur.

Puis Hans Sachs paraît à son tour. A sa
vue, un long frisson court parmi les assistants,
la foule ne peut contenir sa joie : une immense
acclamation accueille le favori du peuple et,
dans une inspiration soudaine, toutes les voix

entonnent le chant par lequel Hans Sachs a
salué Luther et l'aurore de la réformation :

Eveille-toi, le jour se lève ;
Une voix des taillis s'élève ;
Du rossignol j'entends les chants :
Ils résonnent de cime en cime,
Dans les vallons et dans les champs.
A l'occident, la nuit s'abîme,
L'aube rouge à l'orient luit
Et le triste nuage fuit.

Rien ne peut donner une idée de la puissance de ce morceau qui semble contenir
toutes les aspirations de l'homme vers la
liberté.

Le concours commence : Beckmesser, qui
n'a rien compris à la poésie de Walther, la
scande à sa manière et la chante sur les motifs
grotesques de sa sérénade. Il s'embrouille si
bien que la foule, d'abord surprise, part bientôt d'un vaste éclat de rire.

— Après tout, dit le chanteur dépité, les

vers ne sont pas de moi, ils sont de Sachs.

— Eh bien! que Walther les chante, dit Hans Sachs.

La grâce et la jeunesse du chevalier font déjà une bonne impression sur le peuple et lorsque sa voix pure résonne et fait entendre la charmante poésie redevenue elle-même, les acclamations éclatent de toutes parts, les maîtres troublés eux aussi ne peuvent dissimuler leur émotion, l'enthousiasme est général.

L'heureux vainqueur, ivre de joie, s'agenouille devant sa bien-aimée, qui pose en tremblant sur son front la couronne de lauriers.

L'ANNEAU

DU NIBELUNG

L'ANNEAU DU NIBELUNG

LE REINGOLD

PROLOGUE

Lorsque la toile se lève, ou aperçoit, dans une pénombre bleuâtre, les profondeurs vagues d'un fleuve, que hérissent ça et là des rochers noirs. Une ondulation paisible agite l'eau qui semble couler lentement.

Tout à coup une voix retentit, et une ondine, coulant des hauteurs, circule, en nageant, autour d'un récif, au sommet duquel luit sourdement un filon d'or; puis, deux autres filles du Rhin glissent sous l'eau, et toutes trois se poursuivent, en jouant autour de l'or tout-puissant, inconnu et vierge encore.

Mais voici que, du fond obscur du fleuve, grimpe un nain bizarre qui suit d'un regard avide le jeu charmant des ondines. Il les effraie d'abord. Mais bientôt elles rient de leur peur, en reconnaissant que le nain est amoureux d'elles. Alors, elles se font un jeu de le poursuivre, de le tenter, puis de lui échapper, en le narguant de leur rire moqueur.

Cependant, le soleil passe au-dessus du fleuve ; un rayon tombe sur le filon d'or qui resplendit soudain et illumine les profondeurs de l'eau.

— Qu'est cela ? s'écrie le Nibelung ébloui.

— Quoi ! répondent-elles, tu ne sais rien de l'or merveilleux qui sommeille et veille tour à tour ?

— Rien de la délicieuse étoile qui luit sous les flots ?

— Il gagnerait pourtant l'héritage du monde celui qui pourrait, avec l'or, forger un anneau; mais, pour acquérir ce pouvoir, il lui faudrait d'abord renoncer à l'amour. C'est pourquoi nous n'avons nulle crainte que notre jouet nous soit dérobé, car tout ce qui vit veut aimer. Nul ne consent à renoncer aux ivresses de l'amour — et, moins que tout autre, Alberich le Nibelung, qui se meurt presque de convoitise amoureuse.

Mais le nain a écouté avec une profonde attention le babillage des ondines qui viennent imprudemment de dévoiler le secret de l'or. Il grimpe de cime en cime, glisse, retombe, s'acharne; mais bientôt s'écrie d'une voix terrible :

— Raillez, maintenant, Nixes perfides; vous folâtrerez désormais dans l'obscurité, car j'arrache au récif l'or miraculeux. Je forgerai l'anneau vengeur, et que le flot l'entende ici : — Je maudis l'amour.

Et le nain plonge et disparaît avec sa proie

8

lumineuse, poursuivi par les ondines dé-
solées.

Le fleuve tout entier s'enfonce avec elles
et découvre lentement le sommet d'une
montagne sur lequel les dieux sont endor-
mis.

Au faîte d'un mont voisin, qui peu à peu
se dégage des vapeurs matinales, apparaît,
doré par le soleil levant, un château étrange
et formidable : c'est le Walhalla, le burg
magnifique que les géants viennent de construire pour les dieux.

En s'éveillant, Wotan et Fricka le contemplent avec joie et surprise, mais la déesse est
inquiète : les rudes travailleurs vont réclamer
leur salaire. Imprudemment, Wotan leur a
promis Fréïa, la douce divinité de l'amour.
Or, la besogne étant achevée, il faut payer.

Voici bientôt les géants qui s'avancent enjambant vallons et ruisseaux, et Fréïa tout en
larmes qui vient demander protection aux
dieux.

C'est Loge, le génie du feu, qui s'était

chargé de trouver la rançon de Fréïa; il
arrive, enfin, le dieu moqueur; mais il a en
vain exploré la terre et le ciel; nulle part il n'a
découvert rien qui puisse surpasser les
charmes de l'amour. Un seul être pourtant
leur a préféré la puissance de l'or, dérobé
par lui aux enfants du Rhin.

A ce récit, les géants ont prêté l'oreille; le
désir de posséder l'or s'éveille en eux. Qu'on
leur donne ce métal tout-puissant, et ils renon-
ceront à Fréïa; mais, en attendant, ils emmè-
nent la déesse charmante qui pleure et sup-
plie.

Alors le ciel s'assombrit; une affliction
mortelle s'empare des dieux; la vieillesse s'est
abattue subitement sur eux; Fricka chancelle,
Wotan courbe la tête; le dieu de la joie voit
se faner les roses de sa couronne; Thor n'a
plus ses colères fulgurantes; le marteau, qui
fait jaillir la foudre, s'échappe de sa main; la
jeunesse, la beauté, l'amour sont partis avec
Fréïa.

Brusquement Wotan se résout à aller conquérir cet or si désiré. Accompagné de Loge, il descend vers le royaume ténébreux où les gnomes forgent sans cesse les métaux. Il a bientôt raison du Nibelung possesseur de l'or qui a déjà assujetti tous les noirs forgerons, et il l'entraîne avec ses trésors sur la montagne des dieux.

Mais il reste encore au Nibelung dépouillé l'anneau tout-puissant; il le serre entre ses doigts dans un espoir suprême : c'est en vain; Wotan le lui arrache, et laisse ensuite le nain libre de retourner vers les entrailles du monde.

Le vaincu se dresse alors, plein de fureur et de désespoir.

— Que cet anneau soit maudit à jamais, crie-t-il; malheur au possesseur de l'or; que celui qui ne l'a pas, le convoite avec rage; que celui qui le possède, le garde dans les angoisses de la peur... Maudit! Maudit!

Et il replonge dans la nuit de Nibelheim.

Fréïa est revenue, et avec elle la joie et la jeunesse; les géants entassent devant elle l'or du Nibelung; ils en veulent un monceau tel qu'il cache entièrement la déesse. Celle-ci disparaît, en effet; pourtant son regard, comme un rayon d'étoile, glisse encore par un interstice. Hélas ! le trésor est épuisé; il ne reste que l'anneau qui comblerait justement la fissure, mais Wotan ne veut pas le donner. Les dieux le supplient en vain, lorsqu'une voix solennelle se fait entendre et, dans une lueur blafarde, monte lentement l'antique Erda, la blême divinité, plus vieille que le monde, et à qui rien n'est inconnu.

— Cède, Wotan, cède, dit-elle; fuis l'anneau maudit; je sais ce qui a été; ce qui doit être, je le sais. Écoute! écoute! tout ce qui existe aura sa fin; un temps viendra où un crépuscule sinistre descendra sur les dieux; sépare-toi de l'anneau maudit, et songe, plein d'effroi.

Erda disparaît. Wotan, soucieux, jette l'anneau.

Cependant la fierté et la force sont revenues parmi les dieux. Thor brandit son man-

teau et, d'une voix formidable et joyeuse, il
appelle le vent et les nuages ; le ciel se couvre,
l'éclair jaillit, la foudre éclate avec fracas, et,
tandis que la pluie s'égrène en gouttes so-
nores, le Walhalla se dévoile au sommet des
monts, et l'arc-en-ciel déploie son demi-cercle
au-dessus de la vallée.

Les dieux se dirigent vers ce pont lumineux pour aller prendre possession du château qui resplendit au soleil couchant. Alors,
des voix plaintives montent de la vallée; ce
sont les filles du Rhin qui pleurent leur
jouet brillant; mais le thème éclatant du
burg divin submerge les voix des ondines,
et les dieux entrent triomphalement au
Walhalla.

LA WALKYRIE

PREMIÈRE JOURNÉE

Ici commence le drame humain.

Wotan, soucieux depuis la sombre prédiction d'Erda, et sentant que les trafics honteux que lui a coûtés le payement du Walhalla, ont amoindri sa divinité et rompu l'équilibre du monde, Wotan a engendré une race d'hommes de laquelle doit naître un héros qui, par sa propre force, arrachera l'or aux géants pour le rendre à son berceau primitif, effaçant ainsi la faute des dieux.

Siegmond est le héros élu par Wotan pour cette rédemption.

Lorsque la toile se lève sur le premier acte, elle découvre l'intérieur d'une habitation des premiers âges. Un frêne séculaire élève son tronc énorme au centre de la salle et étend en tous sens ses rameaux verdoyants qui soutiennent la toiture de toile. Pour foyer une large pierre ; sur la terre nue, quelques peaux de bêtes et, pour clôture, une haute porte, faite de troncs d'arbres.

La tempête se déchaîne au dehors ; Siegmond, que semblent poursuivre toutes les colères du ciel, entre en chancelant et vient tomber exténué près du foyer.

Une jeune femme attirée par le bruit paraît alors et se penche vers l'étranger avec compassion et surprise ; puis, elle lui offre pour le ranimer une corne pleine d'hydromel.

Siegmond lève les yeux vers elle, leurs regards se rencontrent alors et plongent l'un dans l'autre, longuement, avec une émotion pleine de trouble. Mais le jeune homme se relève brusquement.

— Adieu ! adieu ! s'écrie-t-il, je porte le malheur partout où je suis ; qu'il soit au moins éloigné de toi !

— Ah ! reste, répond-elle vivement ; le

malheur ne peut rien, là où le désespoir règne en maître.

Et, tandis que de nouveau ils se contemplent en silence, envahis par un trouble croissant, Hunding, l'époux sévère, le farouche guerrier au casque hérissé d'ornements bizarres, se montre sur le seuil.

— C'est un hôte, brisé de lassitude, qui demandait asile, dit Sieglinde, répondant au regard de l'époux.

— L'hospitalité m'est sacrée, dit Hunding à l'inconnu : « Que ma maison te soit sacrée. »

Et, d'un geste, il le convie au repas.

Siegmond raconte alors d'où il vient. Vaincu dans un combat contre un chef voisin, dépouillé de ses armes, il a dû fuir à travers la tempête.

— Tu joues de malheur, s'écrie Hunding ; le chef que tu viens de nommer est mon allié, tu es donc tombé chez ton plus mortel ennemi. Cependant, je t'accorde asile sous mon toit jusqu'au matin, mais après : hors de cette maison ! et rencontrons-nous pour combattre.

Et Hunding se retire avec un visage sombre en entraînant Sieglinde qui jette au malheureux hôte un regard désolé.

Siegmond anéanti retombe près du foyer, mourant. Où trouvera-t-il une arme pour se défendre ? Qui lui viendra en aide dans cette détresse amère ?

Sieglinde reparaît. Elle a versé à son époux les sucs d'une plante endormante ; l'étranger sera sauvé, s'il peut arracher du tronc de l'arbre une épée merveilleuse qu'un vieillard inconnu y enfonça un jour, défiant quiconque de l'en retirer.

C'est bien à Siegmond que le glaive était destiné, car il cède à son premier effort ; le voici qui luit à son poing. Il ne craint plus rien désormais ; il saura défendre la femme adorée qu'il reconnaît maintenant. N'est-elle pas sa sœur jumelle, enlevée jadis au foyer dévasté ?

Il la retrouve enfin et l'arrache à l'ennemi.

— Mon amante ! ma sœur ! s'écrie-t-il avec passion.

Et l'enveloppant de ses bras, il l'entraîne hors du triste logis à travers la forêt qu'illumine le clair de lune.

Au second acte nous revoyons les monts qu'habitent les dieux.

Wotan, joyeux, annonce à Brunhilde, la belle Walkyrie, casquée et cuirassée d'argent, qu'elle doit aujourd'hui donner la victoire à Siegmond, le héros aimé des dieux.

Mais, tandis que la Walkyrie heureuse pousse son cri de guerre, et sur son cheval noir bondit de cime en cime, survient dans son char traîné par des béliers, Frika, la jalouse déesse, protectrice des serments conjugaux: elle demande vengeance pour Hunding outragé.

— Ce Siegmond que tu protèges, dit-elle, ce n'est pas là le héros libre qui doit te racheter, car tu l'as guidé, poussé vers le but ; tu te trompes toi-même ; Siegmond doit mourir.

Wotan est frappé douloureusement. La déesse a raison : Siegmond n'a pas agi librement. Il faut donc abandonner ce fils infortuné.

Le dieu, accablé de douleur, s'y résout cependant. C'est au Walhalla que la Walkyrie doit conduire le héros voué à la mort.

Voici venir les fugitifs qu'Hunding poursuit plein de fureur.

Sieglinde, à bout de force, s'évanouit dans les bras de son fraternel amant.

C'est alors que la Walkyrie attristée se montre à Siegmond.

— Qui es-tu ? dit-il, toi qui m'apparaîs si belle et si sérieuse ?

— Ceux-là qui me voient n'ont plus que peu d'heures à vivre, répond-elle ; bientôt tu me suivras dans la demeure des dieux.

— Sieglinde y viendra-t-elle aussi, demande-t-il ?

— Non, car elle doit vivre encore sur la terre.

— Tu te trompes alors, je ne me séparerai pas d'elle, car tous deux nous allons mourir ici.

Et il lève son épée sur Sieglinde.

Devant cet amour et cette douleur, la Walkyrie se sent troublée pour la première fois par une émotion humaine.

— Arrête, s'écrie-t-elle, va sans crainte au combat; c'est moi qui te protégerai.

Bientôt, le farouche Hunding appelle et défie Siegmond; les adversaires se rencontrent et combattent sur une cime à demi perdue dans les nuages.

Hunding est sur le point de triompher; mais la Walkyrie apparaît dans une lueur et couvre Siegmond de son bouclier. Wotan irrité de la désobéissance de Brunhilde, se montre aussi dans une nuée d'orage, et, lançant la foudre, brise le glaive entre les mains de Siegmond, qui tombe mortellement frappé.

Le troisième acte nous montre un âpre rocher sur lequel les Walkyries, sœurs de Brunhilde, se réunissent après le combat. Les voici qui accourent, chevauchant à travers les nuages illuminés d'éclairs: elles s'appellent joyeusement avec des cris sauvages et heurtent tumultueusement leurs armes.

Mais Brunhilde arrive tout éplorée; elle a

emporté dans ses bras Sieglinde, qui ne
veut pas survivre à son amant.

— Vis, lui dit-elle, vis pour le héros sublime
que tu portes dans ton sein.

Et elle lui donne les débris précieux de l'épée
de Siegmond.

— Sauvez-la, mes sœurs, sauvez la pauvre
femme, ajoute-t-elle; moi, je dois demeurer
ici pour subir le châtiment de ma faute.

En effet, la voix de Wotan résonne, pleine
de courroux.

Bientôt il rejoint la déesse coupable qui a
enfreint l'ordre suprême.

— J'ai obéi, non à ton ordre, dit Brunhilde,
mais à ta volonté secrète.

. Le dieu n'est pas libre, hélas ! des lois pri-
mordiales l'enchaînent ; il ne peut pas par-
donner. La Walkyrie, déchue, doit s'endormir
sur le chemin, à la merci du premier qui la
rencontrera.

—Eh bien, dit-elle, entoure-moi d'une mer
de flammes, pour que celui qui s'approchera
soit du moins un héros.

Avec quelle douleur le dieu se sépare de son
enfant bien aimée, et, dans un suprême baiser,
lui reprend la divinité! Ce n'est plus maintenant qu'une femme endormie, autour de
laquelle s'allume un rempart flamboyant.

SIEGFRIED

DEUXIÈME JOURNÉE

Après la mort de Siegmond, Sieglinde, réfugiée dans une forêt sauvage, donna le jour à un fils, et mourut en le confiant au Nibelung Mime, qu'Alberich, premier possesseur de l'anneau, avait jadis contraint à forger l'or tout-puissant.

Le nain difforme a élevé dans sa caverne le descendant des dieux ; non dans un esprit de dévouement, mais avec l'unique pensée de se servir de lui plus tard, pour conquérir cet or, objet de toutes les convoitises.

Siegfried est maintenant un bel adolescent impétueux, indomptable, dont les instincts héroïques s'éveillent, et qui rêve de conquérir le monde. En attendant, il règne en maître dans la forêt ; la joyeuse fanfare de son cor

d'argent répond aux chants des oiseaux; le
jeune fou bondit avec le chevreuil et terrasse
les fauves. Le voici qui s'élance dans la caverne; son rire éclatant retentit. A la grande
terreur de Mime, il traîne après lui un ours
noir, dont il vient de s'emparer.

Mais ces jeux et ces luttes ne lui suffisent
plus. Avec impatience, il interroge le nain sur
le monde, inconnu pour lui; il veut s'enfuir,
sortir de la forêt, ne jamais revenir. Mime
lui montre alors les débris de l'épée brisée par
la foudre entre les mains de Siegmond, et que
Sieglinde a légués à son fils, comme le plus
précieux des héritages.

Siegfried s'empare de ces fragments d'acier,
allume le feu de la forge et jette les débris
au creuset. Puis soulevant le lourd marteau,
il reforge entièrement, avec un chant triom-
phal, l'épée de Wotan. Il la brandit bientôt
toute fumante encore, et, d'un seul coup,
fend en deux l'enclume désormais inutile.

Mime guide alors le jeune héros vers la
partie la plus sauvage de la forêt, devant

l'antre où le géant Fafner, transformé en dra-
gon, garde l'or arraché au Nibelung.

Siegfried, tout en riant de son aspect hi-
deux, combat le monstre et le tue. Le trésor,
il le dédaigne; il ne prend que l'anneau, dont
il ignore le pouvoir, et un heaume magique,
qui permet de revêtir toutes les formes.

Le jeune homme, comme alangui, s'étend
alors au pied d'un arbre, tout baigné de soleil;
il écoute, en rêvant, les mille bruissements de
la forêt. Un désir inconnu trouble son cœur.
Tandis que les oiseaux volent par couples, il
est seul, lui! il songe à sa mère, à la compagne de l'homme, cet être mystérieux qu'il n'a
jamais vu, et dont il ne sait rien.

Le chant d'un oiseau, qui vole au-dessus
de sa tête, finit par captiver son attention. Il
prête l'oreille; il lui semble comprendre le
sens de ce chant... l'oiseau lui parle, en effet;
ne serait-ce pas là l'âme de sa mère?

— Eh! Siegfred, dit-il, tu possèdes maintenant le trésor; tu pourrais conquérir aussi
la plus belle des femmes. Environnée de

flammes, elle dort sur un haut rocher; mais si tu osais traverser la fournaise, la vierge guerrière serait à toi.

Et Siegfried, plein d'enthousiasme, suit l'oiseau, qui prend son vol, comme pour le guider vers la divine fiancée.

Au troisième acte, nous revoyons Wotan. Penché au bord d'un gouffre, il évoque, plein d'une sombre angoisse, Erda, la pâle déesse qui voit les destinées du monde; il veut l'interroger encore sur cette chute des dieux qu'elle lui annonça.

A cette voix souveraine, la dormeuse lucide s'éveille; lentement elle monte de l'abîme, dans ses voiles blafards, les yeux demi-clos, toute couverte de rosée.

Mais elle n'a plus rien à apprendre à Wotan. — La fin est inévitable.... Comme submergés par leurs propres créations, les dieux s'effaceront devant les hommes.

— Eh bien! s'écrie Wotan, sans doute las de sa divinité, c'est à cette fin que j'aspire.

Pourtant, lorsque Siegfried, sautant de

roche en roche, les regards fixés sur son guide ailé, passe près de Wotan, celui-ci cherche à lui barrer la route; mais le héros, libre et sans peur, brise la lance du dieu, d'un coup de cette épée que, sans aucun secours, lui-même il s'est forgée.

Il s'élance ensuite, plein de joie, à l'assaut du rempart de feu, traverse sans crainte la fournaise, contemple enfin, ivre d'une terreur sacrée, la guerrière endormie dans sa cuirasse d'argent et, tout frémissant d'amour, l'éveille d'un baiser.

LE CRÉPUSCULE DES DIEUX

TROISIÈME JOURNÉE

Sous l'ombre nocturne d'un frêne aussi vieux que le monde, les trois nornes filent et tissent les destins des hommes. Leurs regards froids plongent dans l'avenir et n'y voient que détresse et malédiction ; elles se jettent de l'une à l'autre la corde qu'elles tissent sans interruption, depuis le commencement des temps.

Mais tout à coup cette corde se rompt entre leurs mains ! les sombres fileuses, prises d'épouvante, se serrent l'une contre l'autre et descendent vers les entrailles du monde, pour se réfugier près de la savante Erda.

Le jour se lève alors. Siegfried et Brunhilde, appuyés l'un sur l'autre, sortent de la grotte mystérieuse qui abrite leur bonheur.

La déesse a dépouillé sa divinité pour le héros bien-aimé; elle lui a dévoilé les mystères des runes sacrés, la science des dieux, mais il lui semble maintenant n'avoir rien donné à celui qui lui a révélé l'amour.

Il faut que Siegfried la quitte pour un temps, qu'il coure vers de nouveaux exploits. C'est lui qui revêtira désormais l'armure de la Walkyrie, et bondira sur le farouche coursier qui jadis volait avec l'orage.

Avant de s'éloigner, le héros donne à Brunhilde l'anneau d'or, qui n'est plus pour les amants qu'un gage de fidélité, et ils se séparent après s'être juré de s'aimer éternellement.

Dans sa course aventureuse à travers le monde, Siegfried arrive à la demeure de Gonther, chef puissant des bords du Rhin. Avec ce guerrier habite Gutrune, sa sœur charmante, et le sinistre Hagen, qu'Albérich, le Nibelung, a engendré d'une femme, en la séduisant par l'attrait de l'or. Celui-ci a légué à son fils sa haine pour les rejetons des dieux, et l'a chargé de regagner l'anneau tout-puissant. Hagen ourdit déjà la perte de Siegfried, lorsque celui-ci franchit le seuil avec son impétuosité joyeuse, criant à Gonther :

— Lutte avec moi, ou soyons amis!

Le chef l'accueille amicalement, et Gutrune, sur le conseil de Hagen, lui verse une boisson funeste qui doit troubler son esprit, au point d'en effacer tout souvenir.

Les yeux séduisants de la jeune fille achèvent de l'enivrer, et bientôt il oublie Brunhilde et son amour ; sa nouvelle passion a tout anéanti ; il demande à son hôte sa sœur en mariage.

— Accorde-la lui, souffle Hagen à Gonther, à la condition qu'il aille conquérir pour toi la femme merveilleuse, endormie au milieu des flammes.

Le nom de Brunhilde n'éveille plus rien dans l'âme de Siegfried ; il ne se souvient plus. Certes, il ira sans tarder conquérir cette fiancée pour son frère d'armes, et il part sans plus attendre, impatient du retour.

Bientôt la déesse déchue est amenée à Gon-

ther, brisée, stupéfaite. Siegfried, après lui
avoir arraché l'anneau, symbole d'une tendresse constante, l'a entraînée de force pour
la livrer à un étranger et lui, maintenant, il
court vers les bras d'une autre femme.

Autant l'amour de la fille des dieux était
sublime et absolu, autant sa colère est terrible
en face de cette trahison. Siegfried est voué à
la mort; ce n'est que par la mort que Brunhilde peut reconquérir le héros radieux auquel
elle a tout donné.

C'est à la chasse, frappé traîtreusement,
qu'il doit périr. Les filles du Rhin émergent
des ondes pour le lui prédire, en lui redeman-
dant l'anneau qui l'enveloppe dans sa malédiction; mais Siegfried refuse de le leur rendre.

Bientôt après, tandis qu'il fait à ses compa-
gnons, groupés autour de lui, le récit de sa vie
et qu'il ressaisit peu à peu le fil de ses souvenirs, Hagen, tout à coup, traîtreusement, le
frappe de sa lance. Le héros s'affaisse et meurt,
en prononçant le nom, retrouvé, de Brunhilde.

Les guerriers consternés couchent Siegfried sur son bouclier et, tandis que la lune pâle se lève, ils l'emportent lentement.

A la dernière scène, sous les portiques massifs de la demeure de Gonther, sinistrement éclairés par les torches, une foule gémissante apporte le cadavre de Siegfried et mêle ses plaintes au sourd mugissement du Rhin, qui roule, au fond, ses flots noirs.

Gutrune éclate en cris de désespoir, mais Brunhilde, qui s'avance solennellement, fait taire ces clameurs.

— J'ai entendu, dit-elle, des pleurs d'enfants appelant leur mère ; mais aucune plainte digne du héros.

Alors, elle ordonne que l'on dresse un vaste bûcher, et lorsqu'une torche l'a allumé et que Siegfried y est étendu, le contemplant avec une indicible émotion, elle lui reprend du doigt l'anneau fatal, cause de tous les malheurs.

— La souffrance m'a fait clairvoyante, dit-elle ; ceux qui devaient effacer la faute des dieux étaient voués d'avance au malheur et

à la mort. Que notre sacrifice mette fin à
la malédiction : que le feu purifie l'anneau ;
que les ondes le dissolvent à jamais ! La
fin des dieux est proche. Mais si je laisse le
monde sans maître, je lègue aux hommes le
trésor le plus sublime de mon savoir. Sachez-
le : ni or, ni splendeur divine, ni toute-puis-
sance ne donnent le bonheur ; félicité dans
la joie et dans la souffrance nous vient de
l'amour seul.

Elle s'est fait amener son cheval de Walkyrie et, sautant en selle, elle s'élance d'un
seul bond dans la fournaise.

Le Rhin déborde alors tumultueusement
et vient disperser les cendres du bûcher.
Les filles du Rhin élèvent joyeusement l'anneau reconquis, tandis que Hagen, qui s'était
élancé pour le ressaisir, est entraîné dans le
gouffre et que l'on voit vers les hauteurs, dans
une lueur crépusculaire, le Walhalla s'écrouler
autour des dieux qui pâlissent et s'effacent.

PARSIFAL

FESTIVAL SACRÉ

PARSIFAL

FESTIVAL SACRÉ

ACTE PREMIER

C'est à Montsalvat, dans le pays où s'élève le mystérieux temple du Graal, sur le versant septentrional des monts de l'Espagne visigothe, que nous transporte le premier acte de Parsifal.

La clairière d'une magnifique forêt au bord d'un beau lac s'éveille sous les premières lueurs de l'aube. Deux écuyers et un robuste vieillard, Gurnemanz, sont étendus sur le gazon et dorment au pied d'un arbre. Du côté du temple et du château, qu'on ne voit pas, les trompettes font entendre solennellement le cri d'éveil matinal, et les dormeurs, qui avaient pour mission de veiller sur la forêt sacrée, se dressent en sursaut, honteux de s'être laissé vaincre par le sommeil. Gurnemanz gronde doucement les jeunes gens; puis tous trois se prosternent dans une muette prière.

Le vieillard se relève le premier.

— Debout maintenant, jouvenceaux, s'écrie-t-il, l'heure est venue d'aller attendre le roi; précédant le lit de douleur qui le supporte, je vois déjà s'avancer vers nous les messagers.

Et il aborde deux chevaliers qui descendent du château.

— Salut à vous; comment Amfortas se trouve-t-il aujourd'hui? De bien grand matin il descend vers les ondes du lac. Dites, la plante salutaire conquise pour lui par Gauvain, à force d'adresse et d'audace, elle a, je présume, apporté un soulagement?

— Tu présumes! toi qui pourtant sais

tout, répond le chevalier. Bientôt les souffrances revinrent plus cuisantes encore et, privé de sommeil par la violence du mal, le roi réclama avidement son bain.

— Insensés que nous sommes d'espérer un apaisement là où la guérison seule peut soulager, murmure Gurnemanz en courbant la tête avec tristesse. Cherchez toutes les herbes, tous les philtres, parcourez la terre entière! Il n'est pour lui qu'un secours et qu'un sauveur!

Mais le vieillard répond évasivement au chevalier qui lui demande le nom de ce sauveur.

Les écuyers, qui se sont éloignés et regardent au fond de la scène vers la vallée, voient soudain accourir sur un cheval emporté, qui semble voler au-dessus des prairies, une femme étrange et farouche qui, bientôt, bondissant à bas de sa monture, se précipite avec impétuosité sur la scène.

Ses cheveux noirs pendent à demi tressés sur son front d'une pâleur cuivrée, ses regards

luisent sombres et fixes, sa robe bizarre est
retenue par une ceinture en peau de serpent.

— Tiens, dit-elle à Gurnemanz, prends!
un baume; s'il ne soulage pas, l'Arabie ne
recèle rien qui puisse secourir le roi. Ne m'interroge pas, je suis lasse.

Et elle se jette sur le sol comme une bête
exténuée.

Cette femme, c'est la sauvage et mystérieuse
Kundry. Nul ne sait qui elle est ni d'où elle
vient. Elle s'est faite la messagère des chevaliers du Graal; les missions les plus péril-
leuses, elle les accomplit avec zèle et adresse;
mais jamais elle n'accepte aucun remercie-
ment. Le bien qu'elle fait, son rire ironique,
son regard mauvais semblent le démentir. On
dirait qu'une affreuse malédiction pèse sur
elle. Parfois, durant de longs mois, elle disparaît, et bien souvent Gurnemanz l'a trouvée
inerte sous un buisson, plongée dans un sommeil étrange semblable à la mort.

Un cortège d'écuyers et de chevaliers pré-
cède Amfortas, porté dans une litière. Ils

s'arrêtent un instant, et le roi laisse errer son regard, brûlé de fièvre, sur la fraîcheur bienfaisante du bois.

— Ah! murmure-t-il, après le déchaînement de cette nuit douloureuse, voici la magnificence matinale de la forêt; l'onde du lac sacré me ranimera, le mal hésite! le chaos de souffrance s'éclaircit : Gauvain!

— Gauvain, seigneur, n'est plus ici, dit un chevalier. La vertu de la plante si chèrement conquise, trompant ton espoir, il prit son essor vers de nouvelles recherches.

— Sans mon congé ! s'écrie le roi. Qu'il expie cette inobservance des lois du Graal. Oh ! malheur à lui, le téméraire obstiné, s'il tombe dans les pièges de Klingsor. Que nul ne trouble plus la paix. J'attends celui qui m'est destiné :

« SACHANT PAR COMPASSION. » N'était-ce pas ainsi ?

— C'est ainsi que tu nous as dit :

— « L'ÊTRE CANDIDE ET PUR. » Je crois le reconnaître. Puissé-je le nommer : la Mort !

10

— Mais, d'abord, essaye encore de ceci, dit Gurnemanz en lui tendant la fiole qu'a apportée Kundry.

— D'où vient ce flacon mystérieux, demande le roi.

— On te l'apporte d'Arabie.

— Et qui l'a conquis.

— La voilà, là, couchée, la sauvage femme. Debout, Kundry, viens !

Mais Kundry fait un geste de dénégation.

— C'est toi, dit Amfortas. Faut-il encore une fois te remercier, fille infatigable et farouche ? Soit ! ce baume, je l'essayerai encore, ne fût-ce que par gratitude pour ta fidélité.

Mais Kundry agitée :

— Pas de remerciements ! Ha ! Ha ! A quoi bon ce baume ! Pas de remerciements ! Allons ! Allons ! Au bain !

Et tandis que le cortège s'éloigne et que Gurnemanz plein de tristesse suit le roi du regard, les écuyers raillent Kundry, couchée à terre comme une bête des bois ; mais Gur-

nemanz prend sa défense et réprimande les
jeunes gens, leur rappelant les services qu'elle
ne cesse de leur rendre.

— Pourtant elle nous hait, dit l'un d'eux.
Vois comme elle ricane en nous regardant.

— C'est une païenne, une sorcière.

— Oui, dit Gurnemanz, elle pourrait bien
être une damnée. Peut-être vit-elle maintenant
réincarnée pour expier les fautes d'une vie
antérieure, fautes qui ne lui sont pas encore
pardonnées là-haut ? Si son repentir la porte
à des actes profitables à notre ordre, assuré-
ment elle fait le bien, elle nous sert et se
rachète.'

— Si vraiment elle est fidèle et intrépide,
dit un des écuyers, envoie-la reconquérir la
lance perdue.

— Cette œuvre autre est interdite à tous,
s'écrie Gurnemanz. O source de blessures !
O source de miracles ! Lance sacrée ! Je te vis
brandie par la main la plus sacrilège. Trop
audacieux Amfortas, qui donc aurait pu te
retenir, lorsque armé de cette lance, tu résolus

d'attaquer le magicien ? Déjà aux abords du
château ennemi le héros nous est ravi... Une
femme, terrifiante de beauté, l'a subjugué.
Plein d'ivresse il est dans ses bras. Le fer sacré
s'échappe de sa main !... Un cri de mort !...
Je vole vers le roi ! Klingsor en ricanant
disparaît. Il a dérobé la lance divine. En com-
battant, je protège la fuite du roi. Mais une
blessure arde à son côté. C'est elle, la blessure
qui ne veut pas se fermer.

Les écuyers attentifs sont venus s'asseoir
aux pieds du vieillard.

— Père, disent-ils, parle encore ! Conte-
nous, tu as donc connu Klingsor ? Comment
cela ?

— Écoutez donc, dit Gurnemanz. C'était au
temps où la ruse et la force d'ennemis sauvages
menaçaient le royaume de la foi pure ; en une
nuit solennelle et sacrée, le pieux héros
Titurel, notre roi, vit se pencher vers lui les
messagers bienheureux du Rédempteur. Le
calice dans lequel il but lors de la Cène, ce
vase d'élection auguste et sacré qui, plus tard,

lorsqu'il fut sur la croix, recueillit son sang
divin et la lance même qui fit jaillir ce sang, ces
reliques précieuses parmi les plus précieuses,
les célestes messagers les confièrent à la garde
de notre roi. Alors Titurel érigea le sanctuaire.
Vous qui êtes parvenus à son service par des
voies inaccessibles aux pécheurs, vous savez
qu'il n'est donné qu'aux hommes purs de
s'associer à ces frères voués aux plus hautes
œuvres de délivrance et fortifiés par la vertu
sacrée et miraculeuse du Graal. C'est pourquoi
celui sur lequel vous me questionnez, Klingsor,
demeura exclu, quelque peine qu'il prît. Au
delà des monts, dans la vallée, il s'était fait
ermite, aux alentours s'étendait la terre luxu-
riante des païens. Ce qu'il avait commis là-
bas me demeura secret, mais il voulait l'ex-
piation, il aspirait même à la sainteté. Im-
puissant à tuer en soi les désirs coupables, il
porta sur lui-même une main criminelle; cette
main qu'il tendit vers le Graal fut repoussée
avec mépris par ses gardiens. Alors la rage
enseigna à Klingsor comment l'horrible forfait

de son sacrifice pouvait lui servir à exercer un charme funeste; son désert, il le changea en un jardin de délices. Là croissent, comme des fleurs, des femmes diaboliquement belles, et par d'infernales voluptés il s'efforce d'attirer les chevaliers du Graal. Celui qui cède à la séduction lui est acquis, et déjà, hélas! beaucoup sont perdus pour nous. Lorsque Titurel, sous le poids d'un grand âge, eut confié la royauté à son fils Amfortas, celui-ci ne voulut de repos qu'il n'eût fait cesser ce fléau de l'enfer: vous savez ce qu'il advint. La lance est entre les mains de Klingsor, et comme il peut avec elle blesser les saints même, il croit déjà nous avoir ravi le Graal.

— Ah! qu'avant tout la lance nous soit rendue, s'écrie un écuyer.

— Gloire et honneur à celui qui la rapportera!

Et Gurnemanz reprend :

— Devant le sanctuaire désert, Amfortas, prosterné, implorait dans une ardente prière un signe de délivrance, lorsqu'une douce lueur

émana du Graal; une sainte apparition lui
parla distinctement et il discerna avec luci-
dité ces mots : L'ÊTRE CANDIDE ET PUR SA-
CHANT PAR COMPASSION. ATTENDS-LE, CELUI QUE
J'AI ÉLU[1].

Mais tandis que les écuyers répètent avec
une profonde émotion les paroles de l'oracle,
des cris retentissent dans la forêt.

— Malheur! malheur! où est le crimi-
nel ?

— Qu'y a-t-il ? demandent Gurnemanz et les
écuyers.

— Là-bas !... un cygne... un cygne sauvage... il est blessé.

— Qui l'a blessé ?

Deux chevaliers, qui surviennent, répondent :

— Le roi saluait comme un heureux pré-

---

1. Ce passage est difficile à rendre en français :
Thor signifie à la fois : fou, candide, naïf. *Sachant
par compassion* n'a pas pour nous un sens très net;
cela voudrait dire : un être inculte et ignorant à qui
la seule compassion révèle tout ce qu'il doit savoir.

sage le vol tournoyant de l'oiseau au-dessus
du lac lorsqu'une flèche fut lancée.

De nouveaux écuyers amènent Parsifal.

— Voici, voici celui qui a tiré.

— Est-ce toi qui as tué le cygne? demande
le vieillard.

— Certes! s'écrie Parsifal, j'atteins au vol
tout ce qui vole.

— Méfait inouï; tu as pu commettre un
meurtre, ici, dans ce bois sacré dont la paix
t'environnait? les bêtes familières ne s'appro-
chaient-elles pas de toi, douces et cares-
santes? Que t'avait fait ce cygne fidèle? c'était
un ami pour nous... qu'est-il maintenant pour
toi? Vois le plumage de neige taché de sang;
vois les ailes pendantes, le regard mourant...
As-tu conscience de ta faute?

— Je ne savais pas, dit Parsifal très troublé.

Et, violemment, il brise son arc.

On l'interroge. D'où vient-il? quel est
son nom? qui l'envoie? le jeune homme ne
sait rien de tout cela : il ignore même s'il a
un nom.

Mais Kundry, qui a fixé sur Parsifal un regard avide, répond pour lui.

— Sa mère Herzeloïde l'a mis au monde orphelin, quand dans le combat Gamuret fut tué. Pour préserver son fils de cette mort prématurée des héros, étranger aux armes, elle l'a élevé dans le désert, en fou, la folle !

— Oui, dit Parsifal, qui l'a écoutée avec une vive attention, et une fois passèrent à la lisière de la forêt, montés sur de belles bêtes, des hommes étincelants. Je voulus leur ressembler, mais ils rirent et passèrent rapidement. Alors je courus après eux, mais je ne pus les atteindre. J'arrivais en des lieux sauvages par monts et par vaux, souvent la nuit tomba, le jour revint ; mon arc me défendit contre les fauves, et des hommes... grands !

— Oui ! dit Kundry vivement, les malfaiteurs et les géants furent atteints par sa force. Ils craignent tous le vaillant jouvenceau.

— Qui me craint, dis ?

— Les méchants.

— Ceux qui me menaçaient étaient-ils méchants ? Qui est bon ?

— Ta mère à laquelle tu as échappé, dit Gurnemanz, et qui pleure et se chagrine à cause de toi.

— Son chagrin est fini. Sa mère est morte, dit Kundry.

— Morte! ma mère! Qui dit cela ? s'écrie Parsifal, qui se jette furieusement sur Kundry et la saisit à la gorge.

— Encore de la violence! enfant insensé, dit Gurnemanz en le retenant.

— J'étouffe, crie le jeune homme qui chancelle.

Kundry s'est élancée vers une source du bois et vient baigner d'eau fraîche le front de Parsifal.

— C'est bien ainsi, dit le vieillard; celui-là conjure le mal qui lui répond par le bien.

Mais Kundry se détourne tristement.

— Je ne fais jamais le bien, murmure-t-elle; je ne cherche que le repos. Ah! du repos pour celle qui est accablée. Hélas!...

l'horreur me saisit... Vaine résistance... le temps est venu... dormir, dormir, il le faut.

Et, avec un cri étouffé, elle s'affaisse. der rière un buisson.

Cependant Gurnemanz, espérant que c'est peut-être là le rédempteur promis au roi, conduit Parsifal vers le temple ; il assistera à la cérémonie, et, si c'est lui l'élu, sa mission lui sera révélée par le Graal.

La scène change ; le bois disparaît, tandis que le vieillard et Parsifal semblent avancer ; un pan de roc les masque, puis on les revoit dans des galeries. Des sons de trompes s'enflent doucement, les cloches tintent de plus en plus fort. Ils arrivent enfin dans une vaste salle dont la coupole très élevée laisse pénétrer le jour comme une pluie lumineuse ; les chevaliers du Graal vêtus de la cotte d'armes blanche, une colombe brodée sur leur manteau, s'avancent sur deux rangs.

Ils chantent pieusement :

— Chaque jour préparé au dernier repas d'amour, s'inquiétant peu que ce soit pour la dernière fois, peut-être, qu'il le réconforte aujourd'hui, celui qui peut se réjouir de ses actes, que le repas soit renouvelé pour lui, il peut approcher de la table sainte et recevoir le don suprême.

Des voix d'adolescents répondent à mi-hauteur de la salle :

— Comme jadis avec mille douleurs, son sang a coulé pour l'humanité pécheresse, que mon sang soit versé avec un cœur joyeux pour le héros sauveur, que ce corps qu'il a offert pour notre rachat, vive en nous par sa mort.

Et des voix d'enfants reprennent tout en haut de la coupole :

— La foi vit, la colombe plane, doux messager du Sauveur, buvez le vin qui coule pour vous et mangez le pain de vie !

Des écuyers et des frères servants entrent alors, soutenant la litière sur laquelle le roi Amfortas est étendu. Des enfants s'avancent portant une châsse, recouverte d'une étoffe pourpre, qu'ils vont poser sur un autel de marbre.

Tout à coup d'une niche qui se voûte au fond de la salle, derrière l'autel, une voix se fait entendre. C'est celle du vieux Titurel.

— Mon fils Amfortas, dit-il, officies-tu? dois-je encore voir aujourd'hui le Graal et vivre? dois-je mourir n'étant plus soutenu par mon Sauveur?

— Hélas! hélas! ô tourment! s'écrie Amfortas, mon père, oh! encore une fois remplis la sainte fonction, oh! vis et laisse-moi mourir!

Et Titurel :

— Dans la tombe je vis par la grâce du Seigneur, mais je suis trop faible pour le servir. Toi, expie ta faute à son service. Découvrez le Graal.

— Non! ne le découvrez pas, s'écrie Amfortas dans une explosion de désespoir, oh! se peut-il que nul d'entre vous ne puisse mesurer le tourment qu'éveille en moi la vue qui vous transporte! Qu'est la blessure et la rage de ses douleurs auprès de la peine infernale

d'être damné et d'officier? O! héritage douloureux qui m'est échu : je dois garder le
plus sublime des sanctuaires, moi le seul pécheur entre tous ! O châtiment! châtiment sans
pareil, infligé par le miséricordieux, offensé,
hélas! à lui, à la grâce de son salut j'aspire avec
ardeur du fond de mon âme ; par la pénitence
expiatoire j'espère revenir à lui ; l'heure approche, un rayon descend sur l'œuvre saint,
le voile tombe, la coupe sacrée s'empourpre
avec un éclat lumineux ; enivré par la céleste
jouissance de la douleur, je sens couler dans
mon cœur la source du sang divin ; — mais alors
l'onde impure de mon propre sang reflue impé-
tueusement, dans un effarement sauvage, pour
se jeter vers le monde de la concupiscence ; de
nouveau elle rompt l'écluse et jaillit de la blessure, semblable à la sienne, faite par la lance
qui ouvrit jadis au flanc du Rédempteur cette
plaie qui pleure, dans l'ardeur sacrée de la
pitié, des larmes de sang sur l'iniquité du
monde !

« Comme du flanc divin, de ma blessure à

moi coule le sang ardent du pécheur, renouvelé sans relâche par la source du désir, du
désir, qu'hélas! nulle pénitence ne peut
éteindre. — Pitié! pitié! O tout miséricordieux. Ah! pitié, prends mon héritage, ferme
la blessure, pour que je meure purifié et
renaisse saintement en toi. »

Et tandis que le roi s'affaisse épuisé, les
chevaliers murmurent à demi voix :

—Celui qui saura tout par compassion, l'être
candide et pur, attends-le celui que j'ai élu.

—Telle est la révélation, attends avec espoir
et officie aujourd'hui.

— Découvrez le Graal! crie Titurel.

Le roi, en silence, s'est relevé, il ouvre la
châsse d'or et en tire l'antique relique :
cette coupe de cristal dans laquelle Joseph
d'Arimathie recueillit jadis le sang du Christ :
le Miraculeux Graal!

Une obscurité crépusculaire a envahi la
salle, un seul rayon, venant d'en haut, tombe
sur le Graal et l'embrase d'une lueur pourpre
toujours croissante.

Du plus haut de la coupole les voix d'enfants se font entendre.

— Prenez mon sang au nom de notre amour ! prenez mon corps en mémoire de moi !

Et les chevaliers :

— Le pain et le vin du repas suprême, le Seigneur jadis l'a changé, par la compassion de l'amour, en ce sang qu'il a versé, en ce corps qu'il a sacrifié.

— Le sang et la chair du sacrifice, le Rédempteur que vous glorifiez le change aujourd'hui en ce vin qui coule pour vous, en ce pain que vous mangez.

— Prenez le pain, transformez-le sans crainte en vaillance et force du corps. Fidèles jusqu'à la mort, intrépides dans les peines, accomplissez les œuvres du Seigneur.

— Prenez ce vin, transformez-le de nouveau en sang ardent de la vie, pour combattre, unis dans une fraternelle fidélité, avec un courage joyeux.

Tous se lèvent et échangent le baiser de paix.

Et les voix d'en haut s'écrient :

— Bienheureux dans la foi! bienheureux dans l'amour!

— Bienheureux dans l'amour !

— Bienheureux dans la foi!

Parsifal a regardé cette scène avec des yeux hagards. Mais elle n'a rien laissé à son esprit qu'une stupeur profonde.

Gurnemanz, déçu dans son espoir, le pousse dehors avec colère.

— Va, dit-il, tu n'es rien qu'un niais, sors et prends-ton chemin par là. Mais Gurnemanz te le conseille, à l'avenir, laisse les cygnes en paix. Pauvre oison, cherche une compagne de ta race !

ACTE DEUXIÈME

Au second acte nous sommes dans le château du magicien Klingsor, situé aux confins de l'Espagne arabe.

La scène figure l'intérieur vide d'une tour crénelée. Le long des murailles saillissent seulement d'étroits degrés montant vers les créneaux, ou quelques rebords de pierres.

Klingsor, l'enchanteur, est assis sur l'un d'eux, devant un miroir métallique; il y plonge ses regards et voit dans son mirage magique Parsifal joyeux et fou s'avancer, attiré par un sortilège, vers le château enchanté.

Klingsor sait bien que c'est là le rédempteur promis au roi du Graal; si pourtant, avant que le jeune étourdi ait compris la haute mission pour laquelle il est élu, le magicien parvient à le faire tomber dans les pièges de la chair, c'en est fait du salut d'Amfortas. Klingsor emploiera toutes ses ruses, les séductions les plus irrésistibles, pour perdre l'enfant naïf et pur.

Penché vers le fond ténébreux de la tour, il fait brûler des aromates dont la fumée roule en nuées bleuâtres ; puis il profère avec des gestes mystérieux une formule d'incantation.

— « A moi ! obéis à ton maître, éveille-toi à son appel, toi l'innommée, primitive diablesse, rose de l'enfer, qui jadis fus Hérodias ; monte, monte vers ton maître, obéis à celui qui a tout pouvoir sur toi. »

Lentement, surgissant des ténèbres, Kundry apparaît. Semblable à un être éveillé brusquement du plus profond sommeil, elle pousse un horrible cri d'épouvante qui s'éteint peu à peu dans un faible gémissement de détresse.

C'est elle, c'est la puissance de sa beauté qui doit faire tomber le candide adolescent au pouvoir du magicien ; n'est-ce pas dans ses bras que le roi du Graal a oublié la sainteté de ses devoirs ? N'est-ce pas à cause d'elle qu'il souffre et lutte maintenant sous la brûlure cruelle des désirs coupables ? La tentatrice a beau se débattre, s'efforcer d'échapper au pouvoir qui la domine, les feux impurs qui brûlent en elle la contraindront bien à obéir.

Le bien et le mal se disputent tumultueusement cette âme, plusieurs fois incarnée déjà. Comme un Ahasvérus, féminin, elle a jadis insulté le Christ et est condamnée à renaître sans fin dans la brûlure du péché. En vain, elle aspire à la délivrance; toujours elle retombe dans les pièges de la chair. Celui qui résisterait à l'enchanteresse la sauverait peut-être; mais tous sont faibles devant sa beauté, tous se damnent avec elle.

Klingsor, lui, la tient en son pouvoir et sait la réveiller du sommeil léthargique où il la plonge quand il veut.

— Sur moi seul tes séductions ne peuvent rien, lui dit-il.

— Ah ! ah ! s'écrie-t-elle avec un rire strident, serais-tu chaste?

— Que demandes-tu là, femme maudite ? hurle Klingsor plein de rage. O tourment cruel !

C'est ainsi que Satan se rit de moi, parce que jadis je m'efforçai vers la sainteté, tourment cruel! tourment du désir indompté, ardeur infernale des instincts les plus tyranniques que j'ai su contraindre à un silence de mort. Rit-il de moi maintenant et me raille-t-il par ta bouche, à toi, fiancée du diable? Prends garde, le mépris et la raillerie, quelqu'un l'a déjà expié. Celui qui jadis me rejeta de lui, l'orgueilleux fort dans sa sainteté, sa race est aujourd'hui en mon pouvoir, et le gardien du saint des saints doit languir non racheté. Bientôt je pense, je garderai moi-même le Graal! ha! ha! il te plaisait Amfortas, le héros que je t'ai adjoint pour ta joie!

— O douleur! douleur! gémit Kundry, lui aussi faible, faibles tous, tous déchus avec moi par ma damnation. — Oh! éternel sommeil, seul salut, comment t'atteindre?

— Ah! celui qui te résisterait te délivrerait; tente l'expérience sur l'enfant qui s'approche.

Déjà Kundry lutte plus faiblement.

—Il est beau, l'adolescent! s'écrie Klingsor, qui regarde au dehors du haut de la tour, le voici qui monte vers le château. — Hé hé! gardiens! chevaliers! hérauts! debout, l'ennemi approche.— Ah! comme ils défendent le mur, les niais égoïstes, pour protéger leurs gracieuses diablesses! C'est cela, courage, courage! Ho! ho! il n'a pas peur, celui-ci, il vient de dérober sa lance au héros Ferris. Il la brandit intrépidement vers la horde des combattants. Comme leur zèle leur sert de peu, à ces lourdauds; à l'un, l'enfant casse le bras, à l'autre la cuisse. Ha! ha! ils reculent, ils prennent la fuite, chacun remporte une blessure. Que je suis joyeux! puisse ainsi s'entr'égorger toute la race des chevaliers? Ah! toi, tendre rejeton, quoi que les présages aient pu t'enseigner, tu es tombé en mon pouvoir trop jeune encore et trop niais: — une fois ta pureté souillée, tu m'appartiens.

Kundry prise, comme malgré elle, d'un rire extatique, a disparu.

La tour s'enfonce peu à peu, et l'on voit à sa

place un merveilleux jardin qu'emplit une végétation tropicale, au delà de laquelle apparaissent les terrasses et les portiques d'un palais arabe du style le plus somptueux.

Parsifal s'avance, hébété de surprise, au milieu de toutes ces splendeurs ; de ravissantes jeunes filles, pareilles à des fleurs vivantes, d'abord effrayées, mais se rassurant bientôt, se pressent autour de lui et mettent le comble à sa stupéfaction par toutes les grâces et toutes les gentillesses qu'elles déploient pour lui plaire.

— Si tu es gracieux pour nous, ne te tiens pas éloigné, disent-elles, et si tu ne veux pas nous quereller, nous te récompenserons. Nous ne jouons pas pour de l'or, le seul enjeu est l'amour. Si tu songes à nous consoler, sûrement tu le gagneras.

— Viens ! viens ! doux garçon, laisse-moi fleurir pour toi. A te réconforter délicieusement tendent mes câlineries amoureuses.

— Quel suave parfum vous exhalez, dit

Parsifal avec une gaieté paisible, vous êtes
donc des fleurs ?

— Parure de ce jardin, esprits odorants, au
printemps le maître nous cueille ! nous crois-
sons ici en été et au soleil, et fleurissons
joyeusement pour toi. Maintenant sois-nous
gracieux et ami ; accorde aux fleurs le doux
tribut. Si tu ne veux nous aimer, nous nous
fanons et mourons.

— Prends-moi sur ton sein.

— Laisse-moi rafraîchir ton front.

— Laisse- moi baiser ta bouche.

— Non, moi... la plus belle c'est moi.

— Non, j'embaume, moi, plus doucement.
Mais Parsifal les repousse en riant.

— Vous, mêlée de fleurs, gracieuse et sauvage, dit-il, si vous voulez que je partage vos
jeux, desserrez le cercle trop étroit.

— Pourquoi grondes-tu ?

— Parce que vous vous querellez.

— C'est pour toi que nous nous disputons.

— Tu te défends ?

— Tu n'oses pas ?

— Tu laisses les fleurs courtiser le papillon.

— Laissez-moi, vous ne me prendrez pas! s'écrie le jeune homme qui veut fuir.

Mais alors Kundry apparaît dans un bosquet qui s'entr'ouve. Voluptueusement étendue sur un lit de fleurs, elle est d'une beauté suprême et parée de la façon la plus étrange, la plus superbe, dans le goût oriental.

— Parsifal! demeure! s'écrie-t-elle.

A cette voix les jeunes filles effrayées s'éloignent à regret en jetant de doux regards au bel adolescent.

— Salut à toi charmant, à toi fier, à toi niais!

Et elles disparaissent avec des rires étouffés.

— Parsifal!... murmure le jeune homme stupéfait; une fois, en rêve, ma mère m'a nommé ainsi.

Alors, avec la majesté d'une déesse et une douceur d'une mélancolie pénétrante, la séductrice lui parle de sa mère qu'il abandonna et qui, après de longues tortures, mourut enfin de désespoir.

— Ma mère ! ma mère ! j'ai pu l'oublier ! s'écrie Parsifal. Hélas ! hélas ! de quoi me suis-je jamais souvenu ? Seule une lourde folie vit en moi !

Et terrassé de douleur il s'affaisse aux pieds de Kundry.

— L'aveu et le repentir effaceront la faute, dit-elle en se penchant vers lui, le savoir changera la folie en raison. Apprends à connaître cet amour qui enveloppait Gamuret lorsque l'ardeur d'Herzeloïde l'embrasait. L'amour qui te donna la forme et l'existence, devant lequel la mort et la folie doivent reculer, il te donne aujourd'hui avec le salut suprême de la bénédiction maternelle, son premier baiser.

Et avec son plus radieux sourire l'enchanteresse s'incline vers le jeune homme et appuie sur sa bouche un long baiser.

Au contact brûlant de ces lèvres, Parsifal se relève vivement comme transfiguré ; les voiles

qui couvraient son esprit se déchirent soudain; le sens de tout ce qu'il a vu, il le comprend
maintenant : il vient de sentir s'allumer dans
son propre cœur le brasier dévorant qui brûle
celui d'Amfortas.

— La blessure ! la blessure ! s'écrie-t-il, elle
brûle en mon cœur. O plainte ! affreuse plainte !
elle crie vers moi du plus profond de mon
être. Ici, ici au cœur est l'incendie, le désir ardent, le désir terrible, effréné, qui saisit tous
mes sens et les subjugue ! O tourment de
l'amour ! comme tout l'être frémit, tremble et
tressaille dans une convoitise coupable !

Et il revoit Amfortas devant le Graal ; et
l'horreur du sacrilège, la torture du pécheur,
il les comprend maintenant.

— Héros superbe ! fuis l'illusion, sois gracieux à l'approche de la grâce, dit la tentatrice
pleine d'une admiration passionnée.

Et lui, toujours prosterné à ses pieds, la
regarde fixement, tandis qu'elle fait briller
pour lui toutes les séductions de sa beauté.

— Oui ! dit-il, cette voix ! c'est ainsi qu'elle

l'appelait, et ce regard qui lui sourit éperdu, je le reconnais ! Ces lèvres, oui c'est ainsi qu'il les vit frémir, c'est ainsi qu'elle pencha la tête, ainsi qu'elle la releva fièrement. C'est comme cela que flottaient ses boucles soyeuses, comme cela qu'elle l'enlaçait et lui effleurait doucement la joue. Allié à toutes les tortures de la douleur, un baiser lui ravit le salut de son âme. Ah ! ce baiser !

Il se relève vivement et repousse Kundry avec impétuosité.

— Arrière, corruptrice ! s'écrie-t-il, loin de moi à jamais.

La haute mission qu'il doit remplir lui est maintenant révélée : il doit affronter comme Amfortas toutes les délices des tentations coupables, souffrir tout ce qu'il a souffert ; mais résister là où il a faibli, triompher là où l'autre a succombé, c'est à ce prix qu'il le sauvera.

Kundry, dans le délire d'une passion furieuse, déchaîne en vain contre lui toutes les séductions de l'enfer, en vain elle s'efforce de l'attendrir :

—Ah! cruel, si tu ne ressens dans ton cœur que les douleurs d'autrui, ressens donc aussi les miennes. Si tu es le Sauveur, pourquoi ne pas t'unir à moi pour mon salut : depuis des éternités je t'attends... Oh! si tu connaissais la malédiction qui, à travers le sommeil et la veille, à travers la mort et la vie, à travers le tourment et le rire, me retrempe sans fin pour la douleur nouvelle. Je le vis, Lui, Lui! et j'ai ri. Son regard m'atteignit. Depuis, de monde en monde, je cherche ce regard, je veux le rencontrer encore; au plus fort de la détresse, je crois le voir, je le sens se poser sur moi!

« Alors le rire maudit me reprend. Un pécheur tombe dans mes bras et je ris, je ris : je ne puis pleurer, je ne peux que crier, m'emporter, délirer dans la nuit de la folie toujours renaissante de laquelle la pénitence ne m'éveille même que fugitivement. Lui que j'ai désiré ardemment au milieu de l'agonie, Lui que je reconnais en toi, laisse-moi pleurer sur son sein, une heure seulement m'unir à toi et, même rejetée de Dieu et du monde, être en toi rachetée et sauvée!

— Toute l'éternité tu serais damnée avec moi si pour une heure j'oubliais ma mission dans l'enlacement de tes bras...

— Ce fut mon baiser qui te rendit clair-voyant, l'étreinte entière de mon amour te donnerait la divinité. Sauve le monde, si c'est là ta mission et, si cette heure t'a fait Dieu, laisse-moi pour elle être damnée!

— Toi aussi, pécheresse, je te sauverai; indique-moi seulement le chemin que j'ai perdu, le chemin qui mène vers Amfortas.

— Jamais! jamais tu ne le trouveras! s'écrie Kundry, transportée de rage. Erreur! trom-perie, illusion, barrez-lui la route, emmêlez les sentiers, que jamais la voie qu'il cherche ne se présente à ses pas, qu'ils soient maudits tous les chemins qui l'éloignent de moi...! Égarement! Égarement! je te le voue, sois son guide!

Aux cris de Kundry, les jeunes filles sortent du palais. Klingsor, armé de la lance sacrée, se jette sur Parsifal, mais le fer divin ne peut pas atteindre celui qui est demeuré pur, il reste suspendu miraculeusement au-dessus de lui. Le jeune héros s'empare de l'arme et trace dans l'espace la figure de la croix.

A ce signe, le château magique s'écroule et disparaît, le jardin se dessèche, les jeunes filles, comme des fleurs mourantes, se courbent et s'affaissent, l'on ne voit plus qu'un désert aride et au loin les profils bleuâtres et les pics neigeux des montagnes.

Parsifal, enjambant les décombres, s'éloigne en jetant à la Pécheresse une dernière parole d'espérance.

ACTE TROISIÈME

Le troisième acte nous ramène dans le domaine du Graal. La fête du printemps réjouit le bois; tout est en fleur; la verdure tendre de la prairie est semée de pâquerettes; la source se fraye un chemin à travers les touffes de muguet. C'est le jour sacré entre tous, le jour où l'humanité fut rachetée : le Vendredi-saint.

D'une humble cabane cachée dans les arbres sort Gurnemanz, tout à fait vieux maintenant. Il a entendu un gémissement, une plainte dont le timbre douloureux ne lui est pas inconnu.

Il s'approche du taillis et relève une femme qui semble morte. Il ne s'était pas trompé. C'est bien l'étrange païenne qu'il a déjà tirée de ce sommeil cataleptique, si semblable à la mort. C'est bien Kundry; la voilà qui s'éveille et laisse errer autour d'elle un long regard qui n'a plus rien de farouche.

— « Servir, servir, « murmure-t-elle.

Et elle s'éloigne du côté de la cabane pour vaquer aux plus humbles travaux.

Gurnemanz, surpris, la regarde faire; mais son attention est attirée bientôt par un inconnu qui s'avance, hésitant et songeur, sous la fraicheur calme du bois. Il est revêtu d'une armure noire; son casque est fermé, et il tient sa lance abaissée. Il approche lentement et s'assied près de la source.

— Salut, mon hôte, dit Gurnemanz; ignores-tu donc en quel jour nous sommes? Vite, ôte tes armes; n'outrage pas le Sauveur qui, privé de toute défense, offrit aujourd'hui son sang divin pour racheter le monde.

Le sombre chevalier obéit; il ôte son casque et défait son armure. Gurnemanz reconnaît alors Parsifal, le jeune fou que jadis il renvoya durement. Avec une émotion profonde il croit reconnaître aussi la lance sacrée depuis si longtemps ravie au sanctuaire.

Le jeune homme, qui regarde avec calme autour de lui, reconnaît Gurnemanz et lui tend la main.

— Je suis heureux de t'avoir retrouvé, dit-il.

— Quoi ! tu me connais encore ? tu reconnais celui que le chagrin et la détresse ont courbé si bas ? Comment vins-tu aujourd'hui ? de quel lieu ?

— Dans les sentiers de l'erreur et de la souffrance longtemps j'ai marché, dit Parsifal. Faut-il me croire délivré puisque j'entends de nouveau le bruissement de cette forêt et que toi, bon vieillard, de nouveau je te salue ? ou bien m'égaré-je encore ?

— Dis-moi à qui devait mener la voie que tu cherches.

— A Lui, dont j'entendis jadis, dans une surprise niaise, la plainte profonde, à Lui pour le salut duquel je puis me croire aujourd'hui élu. Mais hélas ! à ne jamais trouver le chemin du salut, à errer dans des espaces infrayés, une sauvage malédiction me condamne. Quand je croyais l'avoir trouvé, détresses sans nombre, luttes et combats, me chassaient du chemin. Alors je dus désespérer de garder sauve l'arme divine. Pour la préserver, pour la défendre, je me laissai blesser par toutes les armes, car je ne devais pas me servir d'elle dans le combat. Inviolée, je la gardai à mes côtés, elle que je ramène, elle qui brille là, radieuse et auguste : la sainte lance du Graal !

— O grâce ! Salut suprême ! Miracle saint et auguste ! s'écrie le vieillard avec enthousiasme ; si c'est une malédiction qui te chassa du vrai sentier, crois-le, Seigneur, elle a cédé, car tu es dans le domaine du Graal, sa chevalerie t'attend. Ah ! elle a grand besoin du salut que tu apportes ! Depuis ce jour que tu vécus ici, le deuil et l'angoisse s'accrurent jusqu'à la détresse. Amfortas se révoltant contre sa blessure, dans une obstination farouche convoita la mort ; ni les supplications ni la douleur de ses chevaliers ne purent le décider à remplir sa sainte fonction. Le Graal reste depuis longtemps enfermé dans sa châsse et son gardien contrit, qui ne saurait mourir s'il le contemple, espère ainsi forcer sa fin et terminer avec sa vie son tourment. La sainte nourriture nous est refusée; aussi notre force héroïque dépérit. Jamais plus ne nous arrive ni un message ni un appel lointain à de saints combats. La chevalerie, privée de courage et de chef, erre pâle et misérable. Ici dans ce coin de forêt, je me suis caché solitaire, attendant tranquillement la mort à laquelle mon vieux seigneur d'armes, Titurel, est échu déjà, car le saint héros n'étant plus réconforté par la vue du Graal mourut, un homme comme tous.

— Et c'est moi, moi qui causai toute cette misère! s'écrie Parsifal, avec un sursaut de douleur. Ah! quelle coulpe, quelle masse de méfaits doivent depuis l'éternité peser sur cette tête de fou, puisque devant moi, élu pour la rédemption, je vois s'évanouir, après avoir erré éperdument, le dernier sentier du salut.

Il s'affaisse défaillant sur un tertre de gazon. Gurnemanz le soutient et, aidé de Kundry, s'efforce de le réconforter.

Comme un nouveau Jourdain, la source limpide rafraîchira son front et effacera le péché; elle chassera, de ses pieds las, la poussière des longues courses errantes. Kundry, ainsi que Madeleine, passionnément repen‑tante, répandra des parfums sur ces pieds et les essuiera dans la soie de ses cheveux dé‑noués, et Gurnemanz, comprenant que le jour du salut est enfin venu et que le Graal a un nouveau roi, versera l'huile sainte sur la tête de Parsifal.

— Ainsi je te bénis et je te sacre roi, toi, être pur, martyr compatissant, clairvoyant sauveur! puisque tu souffris toutes les douleurs de celui que tu délivres, enlève encore à son front ce dernier fardeau : la royauté.

Et le premier acte du nouveau roi est de verser l'eau du baptême sur le front de la pécheresse, prosternée et toute en pleurs.

— Tes larmes sont devenues une rosée

bienfaisante, lui dit-il avec une douceur divine, tu pleures ! — Vois, le pré sourit.

Et il la baise sur le front.

Le son lugubre des cloches dans le lointain annonce les funérailles de Titurel. Comme au premier acte la contrée se transforme graduellement : bientôt on aperçoit dans des galeries de longues files de chevaliers en deuil, escortant le cercueil de Titurel, enfin le temple reparaît et les chevaliers qui portent le Graal et la litière où Amfortas est étendu rencontrent le cortège funèbre.

— Qui donc enferme le cercueil que vous portez douloureusement ? disent-ils, tandis que nous escortons la châsse qui abrite le Graal.

— Ce cercueil enferme le saint héros à qui Dieu lui-même se confia. Nous conduisons Titurel.

— Qui l'a abattu, lui que Dieu même protégea ?

— Lorsqu'il ne vit plus le Graal, ce fut le fardeau meurtrier de l'âge qui l'abattit.

—Qui l'empêcha de jouir de la vue du Graal et de ses bénédictions ?

—Celui que vous escortez là-bas, le gardien coupable.

— Nous l'escortons aujourd'hui encore, car pour la dernière fois il veut remplir son sacerdoce.

— Malheur ! malheur ! pour la dernière fois, sois rappelé aux devoirs de ta charge.

Mais Amfortas, éperdu de douleur, se dresse sur sa couche.

—Oui, malheur ! s'écrie-t-il; malheur à moi ! Mon père ! héros trois fois béni vers lequel jadis les anges se penchèrent ; moi qui voulais mourir, c'est à toi que je donnai la mort. O toi ! qui contemples maintenant, dans une lueur divine, le Rédempteur lui-même, implore-le et qu'il m'accorde enfin la mort ! mourir ! mourir ! seule grâce ! la terrible blessure, le venin, qu'ils cessent d'être ! que le cœur rongé se glace. Mon père je t'invoque, crie-lui : Sauveur, donne à mon fils la paix !

— Découvrez le tabernacle, s'écrient les

chevaliers en se pressant en désordre autour
d'Amfortas, remplis ton sacerdoce ; ton père
te l'ordonne, il le faut ! il le faut !

Mais le misérable, dans un désespoir fréné-
tique, s'élance au milieu d'eux en déchirant
ses vêtements.

— Non ! non ! jamais plus ! Ah ! déjà je sens
sur moi l'ombre de la mort, et je devrais revenir encore une fois à la vie ? Insensés ! qui
de vous saurait me forcer à vivre, puisque
vous ne pouvez me donner que la mort ? Me
voici ! la blessure béante, la voilà ! le poison !
mon sang, voici qu'il coule. Haut les armes !
trempez vos glaives bien avant, jusqu'à la
garde ! debout, héros ! détruisez du même coup
le pécheur et son tourment ; et le Graal alors
luira bien pour vous de lui-même !

Tous se sont reculés pleins d'effroi.

Parsifal s'avance alors solennellement, étend
l'arme divine et touche de sa pointe le flanc
d'Amfortas.

— Une seule arme est propice, dit-il, la lance qui ouvrit la blessure, seule peut la refer-

mer. Sois guéri, racheté et sauvé! Que ta souffrance soit bénie, elle qui donna la puissance suprême à la compassion, et le pouvoir de la plus pure sagesse au fou timoré. — Je vous rapporte la lance sacrée!

Et tandis qu'Amfortas et Gurnemanz s'agenouillent pour lui rendre hommage, que Kundry enfin délivrée meurt à ses pieds avec un regard de gratitude, Parsifal monte vers l'autel et, au-dessus des chevaliers extasiés, élève pour la première fois le Graal resplendissant !

— Miracle du suprême salut! rédemption au rédempteur!

Chantent au plus haut de la coupole des voix qui semblent célestes.

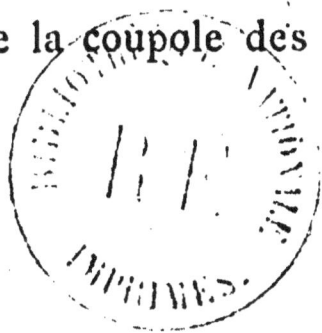

FIN

TABLE

TABLE

TABLE

IMPRIMÉ

PAR

P. MOUILLOT

A

PARIS